Ludwig Drahosch

Simonettas Schatten

Ludwig Drahosch

Simonettas Schatten

Eine Erzählung über
die Unbelehrbarkeit des Schönen

VERLAG
Margarete Tischler

Impressum

1. Auflage, Oktober 2022
Copyright Text und Bilder © 2022 Ludwig Drahosch
Copyright Foto Seite 166 © Rainhard Lehninger
Umschlaggestaltung, Layout und Satz:
Verlag Margarete Tischler, 7122 Gols, Österreich
Druck: Prime Rate Kft., 1044 Budapest, Ungarn
Printed in Hungary

ISBN 978-3-903370-15-9

I ~ Giorgio

Die Malerei befasst sich mit den zehn Dingen,
die man sehen kann, diese sind: Dunkelheit und
Helligkeit, Substanz und Farbe, Form und Ort,
Entfernung und Nähe, Bewegung und Ruhe.

Leonardo da Vinci

Als Giorgio in seine wahrscheinlich letzte Lebensdekade vordrang, machte sich in ihm keine Wehmut breit.

Im Gegenteil. Er begann, sich mit dem Winter seines Daseins anzufreunden und war dankbar für die unermesslich vielen Einsichten, die er durch die Augen der alten Maler im Laufe seines Lebens sammeln hatte können. Sie befähigten ihn, Gewohnheiten zu entwickeln, die ihm halfen, sich in seiner Umgebung so einzurichten, dass er immer mit der für ihn notwendigen Dosis Schönheit versorgt war.

Fragte man Giorgio, was denn die schönsten von Menschen geschaffenen Welten seien, so würde er von Florenz und der Renaissance zu sprechen beginnen, von Malern, die auch Architekten waren, denen das Talent zur Form in die Wiege gelegt wurde.

Seine mittlerweile alten, aber von klein auf an Malerei geschulten Augen vermittelten ihm nur dann Wohlbefinden, wenn sich sein ganzes Wesen in ein Bild versetzt fühlte. In Bilder, die er liebte. Bilder von Caravaggio oder Tizian, auch Monet und manchmal sogar den vierhundert Jahre später geborenen Hopper, was auf den ersten Blick denen, die ihn näher kannten, vielleicht etwas ungewöhnlich erschien, nicht zuletzt, weil die Menschen gerne die Zeit mit der Idee einer Zeit verwechseln, während Giorgio die Idee einer Zeit anstrebt und diese, zwar selten aber doch, auch in anderen Zeiten wiederfindet.

Jeden Tag, wenn die Sonne langsam eher den Horizont als den Himmel prägte, und die Schatten länger wurden, genau genommen, wenn die Schatten der Menschen doppelt so lange wurden wie sie selbst, nahm Giorgio seinen Hut und verließ seine Wohnung, die irgendwo zwischen dem Zentrum und der florentinischen Peripherie lag.

Jeden Tag, als die Dämmerung sich bemerkbar machte, drang Giorgio in stillere Gassen vor, wo Menschen, Schilder und Neonlichter Platz machten für die Patina vergangener Zeiten und die Straßenlaternen den täglichen Kampf um die Herrschaft des Lichtes gewannen.

Mit jedem Schritt wurde Giorgio langsamer, mit jedem Schritt erschien ihm seine Umgebung malerischer. Er atmete durch und sein Gang bekam allmählich eine ähnliche Ausstrahlung wie die des sich in Würde verabschiedenden Tages.

Es war so, als würde er bewusst durch eine – in Liebe koexistierende – Harmonie aus Dunkelheit und Helligkeit, Farbe und Form, Bewegung und Ruhe gleiten. Des Lebens Leichtigkeit stellte sich wie von alleine ein, die Schwere überließ er den steinernen Prachtbauten, die aneinandergereiht das Bild Florenz' prägten.

Giorgios abendliches Ziel war seit geraumer Zeit immer dasselbe: eine unauffällige, in den Gassen Florenz' versteckte Cafeteria. Eine schmale und dunkle, von altem Mauerwerk umschlossene Gasse führte dort hin. Zwischen schmiedeeisern vergitterten Fenster, an denen

Kletterpflanzen aus Blumentöpfen rankten, hingen von Wand zu Wand gespannte, weiße Laken.

Giorgio liebte dieses Szenerie. Nirgendwo waren Schwere und Leichtigkeit, Hell und Dunkel so eng beisammen wie in dieser florentinischen Gasse, in dem Moment der blauen Stunde, als das seitlich einfallende Licht alle Gegenstände nur mehr streifte, ihre Formen zeichnete und ausformulierte, als würden sie gerade auf der Staffelei eines nach Sinn suchenden Malers entstehen. Er dachte jedes Mal an Tintoretto, Raffael und ihre vom Himmel flatternden Faltenwürfe.

Geradeaus in der näher kommenden Ferne wuchs die Fassade einer alten weißen, von der Zeit gedunkelten, Marmor verkleideten Kirche empor.

Als Giorgio an einer aus der Wand ragenden und mit schwarzen, verspielten, gusseisernen Trägern befestigten Laterne vorbeiging, begann sich sein Schatten an der Kirchenwand abzuzeichnen. Die Laterne war unmittelbar vor einer kleinen, nach frischem Weißbrot duftenden Panetteria befestigt. Er stieg eine fünfstufige, steinerne Treppe Richtung Kirchenwand hinauf und sein Schatten wurde kleiner. Jetzt zeichneten sich auch seine

Füße, stets die Richtung beibehaltend, an der Wand ab. Er überquerte eine schmale Gasse, deren Pflastersteine so abgetreten waren, dass Giorgio, kurz innehaltend, jedes Mal an Michelangelos Hundelederstiefel dachte und daran, dass sie bestimmt an der Politur dieser alten Pflastersteine beteiligt waren.

Sein Ziel lag nun ganz nah. Noch drei Meter florentinische Mauer zu seiner Rechten und das Eckhaus gebar Antonios Cafeteria in einem versteckten Inneneck, welche die Angewohnheit hatte, erst dann sichtbar zu werden, wenn man direkt davor stand. Giorgio hatte die Angewohnheit, sich so und nicht anders zu setzen, dass die Kirchenwand direkt vor ihm aufragte, während die Längsseite der Cafeteria zu seiner Rechten und die kürzere Seite hinter ihm lag.

Auf seinem Tisch wartete jeden Abend ein Glas Portwein auf ihn, dessen Inhalt fast so alt wie er selbst war.

Der erste Schluck des durch sein Alter dick gewordenen, nahezu ölig, herb-süßen Weines löste sich fast vollständig auf seinem Gaumen auf und ließ Giorgio nun auch von innen die eigene Gegenwart vergessen.

Eine Leichtigkeit machte sich in ihm breit und über-
wog jeden seiner schweren Gedanken, welche Giorgio
ständig mit sich trug. Heimlich schlüpfte er aus seinen
Schuhen, spürte den aufgewärmten steinernen Boden
und sog mit den Fußsohlen florentinische Geschichte in
sich auf.

Wieder kamen ihm die Hundeledestiefel Michelangelos in den Sinn und die Hingabe, mit der er sein letztes halbes Jahr nurmehr arbeitete oder schlief, sich selbst
so vergessend, dass er die Stiefel nie auszog. Ein kur-
zer schmerzhafter Moment an Selbstironie kam auf. Im
Vergleich zu Michelangelos fühlte sich Giorgios eigener
Wille wie ein in der Jugend erwachter Wunsch, der vom
Leben verweht wurde.

Antonio, der Besitzer der Cafeteria, ein dunkelhaariger
und durchaus barocker Mann mit einem echtem La-
chen, der Kellner, Koch und gesprächsfreudiger Gastgeber in einem war, liebte seinen Gast nicht nur, weil er ein
gutes Trinkgeld gab, er sagte über ihn: „… Giorgio ist
der letzte Mensch mit Kultur, den ich kenne!" Der Zufall
wollte, dass Antonio an einer Acrylfasern-Allergie litt,
die ihn dazu zwang, nur reine, ungefärbte Leinenhem-

den zu tragen, was wiederum für Giorgio ein Grund mehr war, diesem Mann mit einer gewissen Wertschätzung entgegenzutreten. Das scharfe Seitenlicht mit den im Hintergrund sich aufbauenden Renaissancemauern, in Verbindung mit rohen Leinen, ließ die Illusion zu, in einem Gemälde von Caravaggio zu spazieren.

Antonios Tochter hieß Chiara. Nomen est omen, dachte Giorgio jedes Mal, wenn er diesem Wesen mit seiner hellen und klaren Ausstrahlung begegnete. Chiara half manchmal in der Cafeteria aus. Doch meistens saß sie an einem kleinen runden Tisch, vertieft in Bücher der Veterinärmedizin. Manchmal sah sie verstohlen zu Giorgio hinüber, der sie an einen alt gewordenen weißen Leoparden erinnerte.

Chiara und ihr Vater waren ein Grund, warum Giorgio sich hier so wohlfühlte.

Der Hauptgrund aber waren die Schattenspiele an der Wand der Kirche. Sie entstanden durch das Laternenlicht und die Kunden der Panetteria unter den fünf Stufen in der schmalen Gasse, gekreuzt von den etwas kleineren Schatten der flanierenden Florentiner, die über die Quergasse mit den alten Pflastersteinen vorbeigingen.

An der Kirchenwand wuchsen Bilderwelten, mit denen Giorgio kommunizierte. Silhouetten, die nach vorne und hinten huschten, geradewegs vorbeigingen, stehen blieben, sich unterhielten, ineinander- und auseinanderflossen. Diese Schatten ergaben jeden Abend scheinbar spielerische Zufälle und Giorgio besaß die Gabe, diese Zufälle in ein malerisches Schicksal zu verwandeln.

Die Schatten platzierten sich in die Erker der Kirchenwand, eingefasst von fragmentarisch erhaltenen Säulen, und während Giorgio ihnen lauernd zusah, wusste Antonio genau, wann der Augenblick gekommen war, der Moment, in dem Giorgio das Schattenbild einfing. Jenes flüchtige Schattenbild, das aus der Kunstgeschichte kam.

„… erkennst du es, Antonio!?"

Antonio schaute gespannt auf die Schattenwand, den Ellbogen in den Bauch gestützt, die Hand am Kinn gelehnt, als müsste sich der Kopf zum Denken Unterstützung holen. „… ein Jesusknabe in einer alten Ikone, Giorgio?"

„Ja, Antonio! Ein wunderbares Beispiel für eine Bedeutungsperspektive!"

Vor der Panetteria stand ein Mann mit einem kleinen Kind auf den Schultern. Der lockige Kopf des jungen

Knaben war fast in gleicher Höhe wie die Laterne und zauberte dadurch einen überdimensionalen Schatten mitten auf die Kirchenwand.

Giorgios Augen blitzten vor Freude.

„In der gotischen Malerei wurden die Figuren gemäß ihrer Bedeutsamkeit dargestellt, Antonio! Der mindere Mensch war klein, der mächtige groß. Da die Kirche über jedes Motiv die Entscheidungsgewalt besaß, wurden die Heiligen meist als Giganten dargestellt. Das Kleinkind genau in der Mitte, ganz nah dem Lichte … siehst du, viel zu groß als Schatten, das ist der Jesusknabe. Jetzt fehlen nur noch die weniger wichtigen Heiligen Könige, die etwas zwergenhaft um den Jesusknaben herumstehen sollten. So hätten wir einen Wink aus der Gotik vor uns!"

Chiara, die am Nebentisch etwas unmotiviert in ihren Studien versunken war, sprang auf und tänzelte an die Seite des imaginären Jesusknaben. Antonio tat es ihr gleich und ging auf die andere Seite des überdimensionalen Schattens.

„Ist's so recht, Giorgio?", rief Chiara und machte eine kokette, für den gefragten Stil doch etwas zu kokette Pose. Giorgio lächelte. Diese Abende machten ihn glücklich.

„Sehr recht, Chiara. Weißt du, in der Malerei ist alles fließend. Ein paar Jahre später beendete der junge Masaccio diesen Spuk und gab den Figuren durch naturgetreue Perspektive ihre eigentliche Größe zurück. Wofür ich ihm sehr dankbar bin."

Antonio nickte verständig. Giorgio blieb noch eine Weile sitzen, während er darüber nachdachte, wie der Mensch sich von Jahrhundert zu Jahrhundert immer mehr die Größe einer Gottheit zuschrieb.

II ~ Genoveva

Der Mensch – das Augenwesen – braucht das Bild.

Leonardo da Vinci

Am nächsten Morgen saß Giorgio an seinem Schreibtisch, auf dem sich eine Landschaft aus Stiften, Büchern, Skizzen und kleinen Schachteln ausbreitete.

Beiläufig blätterte er durch Skizzenbücher seiner Jugend – Zeugen einer regen Auseinandersetzung mit weiblicher Anatomie und seiner mitunter beachtlich erfolgreichen Suche nach Anmut – als eine auswärtige Geräuschkulisse durch das Fenster zu seiner Linken seine Aufmerksamkeit auf sich zog. Das Haus auf der gegenüberliegenden Straßenseite war ein für ihn noch halbwegs erträglicher Ausblick. Die Fassade kleidete sich in ein architektonisches Flickwerk, wo die Renaissance an manchen Stellen noch aufblitzte, insbesondere an dem loggiaähnlichen, dreibögigen Balkon, der unmittelbar gegenüber seinem Fenster die Aussicht prägte.

Doch spürte Giorgio täglich, wie die Zeit daran nagte und die stillen sinnlichen Momente, die aus der Renais sance hervorblinzelten, immer bedrohter um ihr Dasein kämpften.

Er merkte gerade, wie sich auf dem Balkon gegenüber Leben regte, was schon, abgesehen von den Tauben, die sich dort tummelten, seit langem nicht mehr der Fall war. Eine Röte flatterte über seine alten Wangen, als er eine Frau mit auffallend sinnlicher Ausstrahlung entdeckte. Sie dürfte schätzungsweise Mitte, Ende dreißig sein und hatte lockige Haare, deren Farbe Giorgios Aufmerksamkeit sofort auf sich zog: weder weiß noch blond, auch nicht hellgrau, sie strahlten, als würden sie kein Licht benötigen, aus sich selbst heraus und erinnerten an Opale, die über Nacht im Wasser gelegen hatten. Doch ganz war Giorgio mit dem Vergleich noch nicht zufrieden, bis es ihm gelang, seinen Geist so anzuspornen, dass er jetzt, beim Anblick dieser Haare, an schillernde Innenflächen französischer Austern dachte und sich in verzückter Aufregung erwischte, als er einsah, dass „die Schaumgeborene" höchst persönlich in seine Nachbarschaft gezogen war.

Sichtbar gut gelaunt verteilte die Fremde, umrankt von steinernen Geländern mit Geschichten, die niemand mehr zu erzählen vermochte, Blumentöpfe auf ihrem Balkon. Sie blickte abwechselnd freudig erregt und planlos um sich, bis sie auf einmal Giorgio bemerkte. Seine offensichtliche Aufmerksamkeit brachte sie in Verlegenheit und verlangsamte ihre Bewegungen, bis sie ganz zum Stehen kam und nicht recht wusste, sich weiter zu gebärden. Sie fühlte sich ganz und gar beobachtet von dem großen, alten Mann, der mittlerweile an seinem Fenster gegenüberstand und sie regungslos anstarrte.

Sie fasste ihren ganzen Mut zusammen.

„Kann ich irgendwie behilflich sein!?"

Giorgio zuckte leicht zusammen, als erwachte er aus einem Tagtraum und sein Blick wandte sich dem Hier und Jetzt zu.

„Meine Dame, ich möchte mich vorstellen, da wir nun offensichtlich Nachbarn sind. Ich heiße Giorgio und freue mich sehr, Ihre Bekanntschaft zu machen!"

Das Verlegene in der schönen Frau wich. „Ich bin Genoveva und ja, wie Sie eben bemerkt haben, gerade eingezogen!"

„Ich freue mich, dass meine Aussicht in Zukunft belebter sein wird, insbesondere, wenn meine neue Nachbarin von der Natur so einfallsreich beschenkt wurde", antwortete er galant. „Doch habe ich eine kleine Befürchtung, die ich, wenn Sie gestatten, gerne äußern würde!"

Eine kleine Zäsur füllte den Raum zwischen Balkon und Fenster. Die Schaumgeborene strich sich eine ihrer Austernlocken von der Stirn.

„Ich weiß nicht, was für eine Befürchtung Sie haben könnten, aber bitte, lassen Sie ihr freien Lauf. Vielleicht erübrigt sie sich von selbst!"

„Sie sehen sich nicht, aber ich sehe Sie …", begann Giorgio.

„Aha …!"

Genoveva schob fast unmerklich ihre Hüfte von rechts nach links und wieder retour. Diese winzige Rotation der weiblichen Hüfte erschien Giorgio wie eine warnende Naturgewalt.

„… so, wie sie hier auf dem Balkon stehen, sehen Sie sich nicht, aber ich sehe Sie!"

„Ja, das ist wohl so, doch worauf wollen Sie hinaus?", erwiderte Genoveva etwas hilflos ob der doch etwas merkwürdigen Situation.

„Meinen Sie, es wäre in Ordnung, wenn ich ein wenig bei der Gestaltung Ihres Balkons nachhelfen würde, da diese in Zukunft meine Morgenstimmung prägen wird!"

„Ah, so! Ja, so gesehen …"

Genoveva wusste nicht, was sie sonst entgegnen sollte und fasste sich erneut ins Haar, als suchte sie dort etwas, fand jedoch nur Ratlosigkeit und ein Rosenblatt, das ihr der Boboligarten bei ihrem morgendlichen Spaziergang heimlich geschenkt hatte.

„Darf ich also vielleicht ein paar Anmerkungen machen, um Ihre derzeitige Balkonsituation zu verfeinern?", bat Giorgio in ausgesuchter, aber doch bestimmter Höflichkeit, die ihm grundsätzlich eignete. Genoveva stützte beide Hände in die Hüfte.

„Legen Sie los!"

Giorgio stützte seine Ellbogen aufs Fensterbrett und holte Luft.

„Dankeschön! Zu allererst sollten wir festhalten, dass dieses Haus, in dem Sie leben, aus dem Jahre 1570 ist! Das verpflichtet uns aus Respekt vor den Erbauern, dem Architekten und den Handwerkern jener Epoche, gewissermaßen zu einer Farbtreue!"

„… Verstehe!"

Genoveva stützte ihre Ellbogen ebenfalls auf das Balkongeländer, während Giorgio fortfuhr: „… und natürlich schulden wir auch der Patina, die über Jahrhunderte dafür gesorgt hat, dass wir in dieser sommerlich-diesigen Morgenstimmung uns vorstellen könnten, in einem Gemälde von Francesco Guardi zu sein, die gebührende Wertschätzung. Sie werden in keinem seiner Bilder farbliche Disharmonien entdecken."

„Bestimmt nicht …!" Genoveva nickte verständnisvoll. „So sind die gelben Töpfe bitte zu entfernen. So ein Gelb entstand erst 1780, was heißen würde, Sie würden diesem Ort seiner Authentik berauben! Wenn man schon kräftige Farben setzt, dann bitte in drei Punkten, die zueinander in Beziehung stehen, wie es uns Raffael lehrt. Also, wohl durchdacht, den Raum prägend, und nicht nur ein Fleck, der sich in mein Blickfeld als absolute Sinnlosigkeit einbrennt. Weiters bitte ich Sie, auch den stofflichen Reiz zu bedenken. Dieser blaue Plastikkübel verursacht einem halbwegs sensiblen und gebildeten Menschen eine äußerst unangenehme Störung seines ästhetischen Wohlbefindens, wenn Sie meine offene Ausdrucksweise verzeihen mögen. Zuallerletzt würde ich Sie bitten, den zu bunten Liegestuhl entweder mit farblich passenden Decken zu bekleiden oder durch einen stilvolleren Stoff zu ersetzen, um ihn letztlich so aufzustellen, dass nicht Ihre Füße in meine Richtung zeigen mögen! Das würde in mir Assoziationen mit dem unethischen Courbet und anderen seiner französischen Mitstreiter wecken. Wäre hingegen Ihr Profil mir zugewandt, würde mir das die Möglichkeit eröffnen, an die schlummernde Venus von Tizian und Giorgione zu denken, was Sie durchaus als ein Kompliment auffassen dürfen, denn an Ihrem Erscheinungsbild ist selbst nach bedächtiger Prüfung kein Mangel zu entdecken! Vielen Dank für Ihre Aufmerksamkeit! Ich werde dann morgen, vorausgesetzt Sie erlauben es, noch etwas nachjustieren. Einen schönen Tag wünsche ich Ihnen, Genoveva, und viel Erfolg beim Einrichten Ihres neuen Zuhauses!"

Giorgio wartete keine Antwort ab. Er schloss das Fenster, setzte sich wieder an seinen Tisch und versank in Gedanken. Genoveva blieb regungslos stehen und dachte darüber nach, was die Entscheidung, hier einzuziehen, letztendlich bedeutete: Eine Wohnung mit Balkon und mit einem sonderbaren Nachbarn! Sie runzelte die Stirn. Bis auf die Tatsache, dass dieser Nachbar die Moral der Franzosen bemängelte, war ihr nicht ganz klar, ob diese erste Begegnung mit dem drei Meter Luftlinie entfernten Unbekannten auf der gegenüberliegenden

Seite der schmalen Gasse eine angenehme war oder eher das Gegenteil davon.

Genoveva ließ Giorgios Worte im Geiste noch einmal Revue passieren und stellte fest, dass er sein Blickfeld so behandelte, wie sie als Schauspielerin ihre Bühne. Ist ein Stück einmal geprobt und das dazu entstandene Bühnenbild fertiggestellt, so ist es ein ungeschriebenes Gesetz, dass nichts und niemand diesen Altar betreten darf, der nicht zum Stück gehört. Genoveva war mit ihrer eigenen Geschichte an diesen Ort gezogen. Alles, was sie mit sich brachte, gehörte zu ihr. Doch gehörte es zur Geschichte dieses Ortes?

Plötzlich verstand sie den alten Mann. Sie spürte, dass dieser Balkon in diesem Haus an dieser Straße in dieser Stadt etwas erzählte, das weit über ihre eigene Geschichte hinausging, und dass der alte Mann von Gegenüber das wusste. Er war ein Wächter, er behütete etwas, das sich nicht mehr selbst beschützen konnte.

Genoveva stand auf, ging auf den Balkon und verstaute den blauen Plastikkübel tief und unsichtbar im Inneren ihrer halbleeren Wohnung.

III ~ Giorgios Vorahnung

Erstens wird mittels des Sehens die
Speise gefunden, von der man sich nähren muss,
was allen Lebewesen nötig ist.
Zweitens begreift man durch das Sehen
das Schöne der geschaffenen Dinge, am meisten
derjenigen Dinge, die zur Liebe führen …

Leonardo da Vinci

Giorgios innewohnende Uhr – die Schattenlänge der Menschen auf der Straße unter seinem Fenster – ließ soeben seine Hand zum Hut greifen. Er spazierte gut gelaunt los und versuchte, den Eindrücken, die Genovevas Wesen in ihm hinterließ, nachzuspüren. Perlmutt und Sinnlichkeit, dachte er schmunzelnd: Als hätte Francois Boucher seine Galanterie unter Anselm Feuerbachs sehnsüchtig dunkler „Iphigenie" versteckt.

Giorgio ging seinen gewohnten Weg entlang, dort, wo er immer ein stiller Beobachter war, doch heute fühlte sich die blaue Stunde entlang der kleinen Gasse mit den fünf Treppen anders an. Giorgio empfand sich seltsam präsent, etwas Ungeahntes schien ihn ganz und gar auszufüllen. Als wäre er auf einmal Hauptakteur und sein Cafeteria-Tisch – der Kirchenwand zugewandt – das Bühnenbild für seinen Auftritt.

Das Glas Port funkelte ihm entgegen. Die Straßenlaternen glimmten auf. Dunkelheit breitete sich über Florenz und der Abend geizte mit seiner kühlen Brise, die an der Schwele vom Tag zur Nacht dafür sorgte, dass Giorgio sein Sakko zuknöpfte. Eine Laterne leuchtete jedoch nicht, jene Lichtquelle, welche Giorgio Abend um Abend die Kunstgeschichte in Schattenbildern auf die Kirchenwand warf. Die Wand blieb leer, dunkel und unbewegt, keine Schatten, keine Silhouetten, die zum geistigen Spiel einluden.

Giorgio blickte etwas hilflos umher. Antonio bemerkte das und sah Chiara fragend an, die wiederum den fragenden Blick ihres Vaters mit Schulterzucken erwiderte.

Der Abend war ungewohnt warm. Keine Seele in der ganzen Stadt war an diesem Abend damit beschäftigt, sich wegen einer durchgebrannten Wandlaterne in eine starre Bestürzung zu versetzen. Keiner außer Giorgio. Er saß regungslos da, mit Blick auf die dunkle Kirchenwand und atmete kaum mehr hörbar. Er bewegte sich auch nicht. Manchmal blinzelte er, aber das war auch das einzige Lebenszeichen, das er von sich gab. Antonio und Chiara versuchten einige Male vergeblich, Giorgio in ein Gespräch zu ziehen, doch das gelang ihnen nicht. Dessen Mund entsagte ihm den gewohnten Dienst, als hätte eine spezielle Art der Lähmung jegliche Form der Kommunikation verweigert.

Sein Kopf war plötzlich leer. Weder Gut noch Böse waren darin zu spüren, als wäre kein Anker da, an dem seine Gedanken Halt finden konnten. Giorgio – das Augenwesen – vermisste seine Bilder und suchte verzweifelt in den Strukturen der Kirchenwand nach Gesichtern, so, wie es Leonardo beschrieb, und fand in der Tat ab und an kleine, harmlose Dämonengestalten, die ihn aus dem Schatten anglotzten.

Es wurde Mitternacht. Eine kleine Windbrise streifte über Giorgios Wangen. Antonio begann die Tische abzudecken. Er hielt kurz inne, holte noch ein Glas Portwein und stellte ihn vor den in Mondlicht getauchten Giorgio.

„Bleibe, solange du möchtest, Giorgio!"

Antonio streifte Giorgios Schulter, nickte Chiara zu, und beide gingen die lange Seitengasse hinunter, bis sie im Dunkeln verschwanden.

Giorgio spürte die ungewöhnliche Wärme dieser Nacht an allen Gliedern seines Körpers, begleitet von einem unbestimmten Kribbeln in den Fingerspitzen. So dicht war diese Stille, dass ihm sein eigener Atem störend laut vorkam. Etwas Helles bewegte sich plötzlich mit einer erstaunlichen Geschwindigkeit auf ihn zu. Giorgio zuckte zusammen und versuchte etwas zu erkennen. Ein weißer Hund, ein Windhund war um die Ecke hinter der Kirchenwand gebogen und stand jetzt direkt vor Giorgios Tisch. Das Blut schoss Giorgio in die Adern. Plötzlich hörte er eine Frauenstimme, doch sie war so weit entfernt, dass er nicht verstand, was sie sprach. Sein Herz begann laut zu klopfen, bis es die Stimme übertönte. Giorgio presste seine Hand gegen die Brust, während er sein Gehör anspornte, die Stimme aber war weg. Sein Herz pochte weiter. Giorgio atmete tief ein und noch tiefer aus, bis sein Herzschlag die Ruhe fand. Er schloss die Augen. Die Frau begann zu sprechen und diesmal blieb Giorgio ruhig. Die Frau sprach abermals undeutlich, wie aus geschlossenen Räumen, doch ihre Stimme hatte etwas Vertrautes und zugleich Unwirkliches. Giorgio bildete sich ein, sie riechen zu können, ein betörender weiblicher Duft, den er nicht kannte und der etwas Zeitloses zwischen Lust und Unschuld hatte. Er machte die Augen langsam auf, blickte um sich, doch niemand war zu sehen. Der weiße Windhund war verschwunden, die Stimme ebenso, der Duft aber hing in der Luft, als stünde die Unbekannte neben ihm. Er fühlte eine Erwartungshaltung und wartete mit geschlossenen Augen und offenem Geist auf alles, was da kommen wolle. Der Duft verflog mit dem Windhauch, mit dem er gekommen war. Giorgio rief seine Intuition zu Hilfe, die zumeist in des Lebens nur vage verständlichen Momenten zu ihm sprach. Und sie tat es verlässlich. Morgen … morgen …!

In den dunklen Gassen wurde es langsam kühler. Giorgio trank den letzten Tropfen Port, stand auf, knöpfte sein Sakko zu und ging los. Der Himmel hatte kein Licht übrig für die Stadt, doch seltsamerweise ganz viel für die dämonisch aufgerissenen Wolken. Giorgio dachte an El Greco, den griechischen Maler, der in Spanien den Manierismus prägte, und er war nicht allein: Genoveva stand auf ihrem Balkon und blickte ebenso in den Himmel.

„Toledo … ", sagte Giorgio zu ihr und ging ins Haus.

IV ~ Der Schatten

Es ist aber Naturgesetz, dass das Herz nicht ruht,
bis es ans Ziel seiner Wünsche gelangt ist.

Francesco Petrarca

Ehe er am darauffolgenden Vormittag die Cafeteria aufsperrte, ging Antonio zur Laterne der Panetteria und wechselte eigenmächtig die Glühbirne aus. Ein paar Touristen standen bereits davor und schmachteten nach einer Tasse Kaffee. Tagsüber bevölkerten viele von ihnen Antonios Cafeteria. Sie kamen aus aller Welt, von Orten, aus denen die Geschichte sich fast gänzlich zurückgezogen hatte, und erlebten ihren Aufenthalt in Florenz wie eine Zeitreise in die Vergangenheit. Ihre Gesichter wurden im Laufe ihres Aufenthaltes auf wundersamer Weise schöner, als färbte die Stadt auf sie ab.

Der Mensch muss nicht wissen, warum und wie die Dinge auf ihn wirken, sie tun es einfach – eine Tatsache, über die Giorgio oft nachdachte. Gerade wirkte der abstrakte Expressionismus einer Florentiner Taube etwas diffus auf sein angewidertes Gemüt, während er sein

Fensterbrett reinigte. Er war sich gerade nicht sicher, ob das Exkrement an sich oder doch die gänzlich willkürliche Abstraktion der Darstellung, in der er nichts Anmutiges finden konnte, sein Gemüt ins Wanken brachte.

„Mit den Franzosen haben Sie aber unrecht!"

Giorgio lies einen Seufzer der Erleichterung und lächelte fast unmerklich in sich hinein. Sein Gemüt vernahm eine Note Dankbarkeit.

Genoveva stand mit einem bezaubernden, verschmitzt kampfbereiten Lächeln und hochgesteckten Haaren, aufgestützt mit beiden Händen am Geländer ihres Balkons. Die Schultern hochgezogen und in verführerischem Kontrapost, schwang sie ihre dezent ausladenden Hüften nach rechts und links, als würde sie ihre Wirbelsäule vom Schlaf befreien. Giorgio blickte mit geneigtem Kopf unter seinen Brillengläsern hindurch hinüber zu ihr und dachte, erhellt von ihrem Anblick, an die große griechische Dichterin Sappho.

„Sind sie Französin?"

„Mütterlicherseits Bulgarin, wobei mein Vater ein echter Florentiner ist."

Giorgio bückte sich und verschwand unter seinem Fenster. Er sprach unterdessen weiter mit Genoveva.

„Sie könnten aus jedem Land kommen, das berühmt ist für die Schönheit seiner Frauen!"

Genoveva lächelte verlegen und streckte ihren Hals, um zu erspähen, was der alte Mann nun unter seinem Fenster tat. Was für ein Verrückter, dachte sie, doch wie angenehm verrückt.

„Ich meine, was ist mit Voltaire, Rousseau oder Moliere?" Giorgio zeigte sich nun, er hielt einen Schuh in der Hand und polierte ihn sorgfältig.

„Schreiben sie, Genoveva?"

„Manchmal, ja. Ich spiele Theater."

„Schauspielerin also! Das hätte ich gleich wissen müssen!"

„Warum hätten Sie das gleich wissen müssen, Giorgio?"

„Intelligenz, gepaart mit Schönheit, findet oft den Weg zum Drama. Laden Sie mich ein, wenn Sie auftreten?"

„Auch wenn ich einen obszönen Franzosen spiele?" Genovevas Hüfte wechselte den Stützpunkt. Giorgio hob eine Braue unter seiner Brille und wurde unvermittelt ernst.

„Was die Franzosen betrifft! Die Kunst dreht sich immer um die Liebe und tut sie das nicht, dann dreht sie sich um etwas anderes und ist keine Kunst mehr."

„Und was haben die Franzosen damit zu tun?"

„Sie haben de Sade hervorgebracht."

„Er hätte auch ein Italiener sein können!"

„Wohl kaum, Genoveva!"

„Und warum nicht, Giorgio?"

„Ein de Sade konnte nur in einem Nährboden von Quergeistern und Rebellen gedeihen."

Genoveva schwieg, dachte nach und sagte:

„Ich liebe die Franzosen!"

Sie warf Giorgio einen unverständigen Blick zu, den er ganz und gar nicht zu deuten vermochte, und ging ins Haus. Giorgio sann ihr nach, lächelte und verpasste seinem Schuh eine schwungvolle dritte Politur.

Wolken schoben am Nachmittag die Sonne ins Abseits.

„Man sieht die Schatten vor lauter Schatten nicht", dachte Giorgio. Er besaß keine Uhr und verließ eine gute halbe Stunde später als gewohnt seine Wohnung. Mit Skepsis in Hinblick auf die gewohnte Langsamkeit der florentinischen Beamtenschaft wagte Giorgio nicht, auf eine reparierte Laterne zu hoffen. Sein frühabendlicher Spaziergang zu Antonio gestaltete sich dennoch äußerst angenehm, weil er Gasse für Gasse Laternen aufglimmen sah, gleichsam als würde Florenz ihm den Hof machen. Endlich und mit einer gewissen Spannung bog er in die Gasse zu Antonios Café ein. Da sah er sie. Und sie leuchtete! Giorgio blieb in der Höhe der Laterne kurz stehen und ging bewussten Schrittes seinem eigenen Schatten an der Wand der Kirche entgegen. Antonio begrüßte seinen Gast mit stolzer Miene und führte eine kleine und sehr italienisch anmutende pantomimische Darbietung vor, wobei er zum Ausdruck brachte, dass er höchstpersönlich der Lichtbringer sei. Giorgio nickte und verneigte sein Haupt andächtig vor der Inbrunst des Dargebotenen. Antonio war ab nun nicht mehr nur Koch, Kellner und gesprächsfreudiger Gastgeber, sondern auch ein Laternenflüsterer. Die Laterne hatte nun die ihr zugedachte Funktion wieder aufgenommen.

Giorgio saß entsprechend seiner Gewohnheit in Blickrichtung zur Wand und wartete gespannt, gleichsam als hätte ein Kinovorführer die Projektion eines Filmes gerade gestartet. Die Schatten an der Wand zeichneten langsam ihre Konturen, die sich von Minute zu Minute verdeutlichten.

Zwei Leiterwagen voller Holzabfälle schoben sich als Schatten ins Bild. In Antonios mimischer Gesichtsmuskulatur zeigte sich eine gröbere Verzerrung des Transversus menti, ein Kinnmuskel, der dafür Sorge trägt, dass sich das Kinn verrunzelt, ähnlich einer krausen Stirn, wenn man nicht weiß, was man denken soll. Und das tat Antonio gerade, er wusste nicht, was er darüber denken sollte.

Die Arbeiter standen an der Quergasse auf den von Michelangelos Hundelederstiefeln polierten, alten Pflastersteinen und warfen ein paar Bretter in die schon überfüllten Leiterwägen. Kreuz und quer ragten die Bretter in die Luft, diagonal, schräg nach oben strebend, überlagert von kürzeren Brettern in entgegengesetzter Richtung.

„Eismeer!", entfuhr es Giorgio. Seine Augen weiteten sich. Antonios Transversus menti wechselte die Richtung. „Die Dreiecks-Komposition Raffaels wird hier auseinandergerissen, Antonio, siehst du das! Und mit ihr die Ruhe! Jede Komposition ist wie eine Diva, Antonio, eine Diva, die den Raum, die Bühne einnehmen und mit sich selbst ausfüllen will. Alles, was sie neben sich zulässt, dient nur ihrer eigenen Wirkung und wehe es gesellt sich eine zweite Komposition, eine zweite Diva mit einem ähnlichen Kleid hinzu! Oh, Antonio, dann herrscht Krieg. Es ist ein Krieg der Formen! Wunderbar zu sehen am „Eismeer" von Caspar David Friedrich, wobei der Maler noch einen Schritt weitergeht. Er lässt die Horizontlinie gegen leichte Diagonalen im Vordergrund kämpfen und erzeugt damit zusätzliche Verwirrung, was wir hier in den Schatten nicht sehen können." Jetzt faltete sich die Stirn Antonios, der die Augenbrauen hochzog, als würden seine Augen mehr Licht brauchen.

Giorgio fuhr fort:

„… wobei, erfunden hat er es nicht! Diese zwei miteinander kämpfenden Dreieckskompositionen sah ich das erste Mal bei Géricaults „Floß der Medusa" und das hat Géricault ein paar Jahre davor in Paris gemalt. Ich mag Franzosen irgendwie dennoch, Antonio?!"

Die Nacht senkte sich. Die Luft ließ Giorgio an den Aristotelischen Äther denken, so dicht und dick war sie, als würde man Wasser atmen.

Müdigkeit machte sich in Giorgios Körper breit, doch die Erinnerung an die Stimme und den Duft der Frau der letzten Nacht bewogen ihn auszuharren. Er bat Antonio um ein zweites Glas Port, bevor dieser die Cafeteria schloss.

Florenz lag nun in einem leichten Schlummer. Giorgios Bewusstsein kämpfte mit Morpheus den allnächtlichen

Kampf und kurz bevor dieser wie gewohnt den Sieg davontrug, riss Giorgio sich los, wachgeküsst von der feuchten und langen Nase des weißen Windhunds. Er stand vor Giorgio und blickte tief in das Innere seiner Pupillen.

Die Wolken begannen sich am Nachthimmel aufzulösen, nicht davonzuschweben, denn es war windstill. Sie wurden immer kleiner, als zögen sie sich zurück, um dem Abendstern Platz zu machen, dessen Licht, gerade von einer kleinen und wahrhaftig sehr selten zu sehenden Aura umrankt, der Nacht ein Gefühl von Besonderheit einhauchte. Der weiße Windhund drehte sich um und trippelte davon. Giorgio atmete tief ein und schloss die Augen. Ein ungewöhnlich helles Licht drang durch seine geschlossenen Augenlider. Er sah vor sich die Wand, wo die Schattenspiele stattfanden, und erblickte jetzt ein sehr scharf umrandetes Fensterlicht.

Hellwach stand er auf. Dieses Licht kam nicht von der Wandlaterne vor der Panetteria unterhalb der fünf Stufen, dieses Licht war viel näher. Der betörende Duft der Frau aus der Erscheinung letzter Nacht stieg ihm in die Nase. Sein Herz pochte wild in seiner alten, doch kräftigen Brust und er musste es bändigen, um der Stimme der Frau zu lauschen. Er starrte auf die Wand vor sich und ahnte, dass die Stimme und der Duft der Frau zu nah waren, als dass er es wagen könnte, sich umzudrehen. Das Licht kam aus dem Fenster oberhalb der kurzen Seite der Cafeteria, die zu seinem Rücken lag. Es war dies der kleine Wandvorsprung, der die Cafeteria in einem Eck versteckte. Giorgio saß immer mit dem Rücken davor, denn sein Blick galt der Kirchenwand frontal vor ihm. Jetzt leuchtet dieses Fenster direkt hinter ihm zum ersten Mal und kündigte durch eine Stimme und einen Duft die Präsenz einer Frau an, die Giorgio zu sehen ersehnte. Ein Schatten huschte am Fenster vorbei, der Schicksalhaftes erahnen ließ.

„Bitte, komm zum Fenster, bleib dort stehen, lass mich dich ansehen, nur einen Moment!"

Giorgios Beschwörung zog tatsächlich die Frau zum Fenster zurück. Sie setzte sich an die Kante des Fensterbretts und gab als Silhouette ihr Profil preis. Zeitlose Erhabenheit zeichnete sich scharf umrandet auf die alte Kirchenwand, als stünde die Vollkommenheit kurz vor ihrer Entdeckung.

Giorgio vergaß zu atmen und ließ sich für die nächsten Augenblicke seines Lebens durch keinen einzigen Gedanken aus der reinen Betrachtung bringen. Er stellte ohne zu denken fest, dass ihm nicht ein einziges Gemälde vertraut war, dem es gelang, eine Frau so in ihrer vollkommenen Gesamtheit darzustellen. Er spürte in den gelockten Haaren und dem Profil des Gesichtes Momente, die auf dem Höhepunkt der griechischen Antike zu finden waren, doch die Eleganz des Halses erinnerte ihn an die fast unmöglichen Versuche des italienischen Manieristen Parmigianino. Ihr spätbarocker Busen, den die zarte Seidenbluse durchscheinen ließ, verfügte über eine nahezu freche Arroganz, mit einer genau abgewogenen und im richtigen Verhältnis zur Gesamterscheinung stehenden Portion Lust. Die Gestik ihrer Hände wirkte so, als hätte sie Bronzino, der Malerästhet persönlich, in Körpersprache unterrichtet. Sie hielt ihre mittleren Finger, wie Amor seine Hand an Venus' Brust, zusammen.

„Antonio, Antonio, ich brauche einen Stift, ein Stück Kohle!" Es war mitten in der Nacht und Antonio schon lange nicht mehr da.

„Ruhe da unten!"

Mit der Stimme Filippos, dessen offenes Fenster im Haus gegenüber der Längsseite der Cafeteria lag, verschwand das Fensterlicht und mit ihm der Schatten der

Vollendung. Giorgio wurde aus seinem Traum herausgerissen. Er sah mit finsterer Miene auf die offenen Fensterläden Filippos, der mit aufgeblähter Brust am Fenster stand.

Würde man aus Giorgios Eigenschaften einen Antipoden konstruieren, käme dabei Filippo heraus. Während Giorgio seine ganze Leidenschaft der Suche nach dem Schönen widmete, bohrte Staatsanwalt Filippo leidenschaftlich in jeglichem Dreck dieser Welt. So lebten diese beiden in der gleichen Stadt zwei diametral entgegengesetzte Leben, deren Unterschiede sich in dem Augenblick besonders prägnant zeigten, in dem das Schicksal es wollte, dass sie einander begegneten. Ihre Begriffswelten waren trotz der gleichen Muttersprache derart voneinander unterschieden, dass ein gegenseitiges Verstehen undenkbar war. Die Beiden wussten das und ihre einzige Kommunikation reduzierte sich auf die stillen Blicke, die sie gelegentlich einander zuschleuderten. Im gegenseitigen Missverstehen fanden sie jedoch eine seltsame Verbundenheit.

Filippo riss seinen Blick von Giorgio los, schloss das Fenster und überließ Giorgio der Nacht. Giorgio drehte sich in Zeitlupe um und sah zu dem dunklen

Fenster oberhalb seines Kopfes. Er wusste, was er morgen tun würde. Er würde sich umdrehen und direkt zu der Frau im Fenster schauen. Und er würde etwas Zeichenkohle mitnehmen. Es wäre der Welt gegenüber unverzeihlich, dachte er, nicht zumindest den Versuch zu wagen, dieses seltene Schauspiel von Anmut und Eros festzuhalten.

Die Nacht war mittlerweile sternenklar und die Venus hinter den Häusern bereits verschwunden. Giorgio bemerkte ein warmes, weiches Licht am Balkon von Genoveva, sie jedoch sah er von unten nicht. Als er seine Wohnung betrat, war sein erster Gang zum Fenster. Genoveva hatte ihren Balkon in ein schwebendes Lesezimmer verwandelt. Das gefiel Giorgio. Er machte ein paar leise Schritte rückwärts und beobachtete sie aus der inneren Dunkelheit seiner Wohnung.

Auf einem kleinen, weißen Stuhl, mit gedrechselten Streben an der Rückenlehne, stand eine Tischlampe mit einem sandgestrahlten und mit Ast-Ornamenten verzierten Schirm, dessen silberner Fuß die Strenge brach, in dem er sich nach oben ebenso verästelte. Die Zeit hatte das Silber aufgewärmt und abgedunkelt. Giorgio war sich sicher, dass René Lalique mit seinem französischen

Jugendstil es so gemocht hätte. Genoveva hatte ein dickes Buch unter die Lampe gelegt, um ihre Höhe anzupassen. Sie saß an einen großen Seidenpolster gelehnt, den sie zwischen Rücken und Wand geklemmt hatte, und hielt in der einen Hand ein kleines Buch, während in ihrem Schoß ein Skript lag. Der Polster erinnerte Giorgio an die „Lesende Frau" von Fragonard, doch die Frau, die er da verstohlen beobachtete, las in zwei Büchern gleichzeitig und hatte keineswegs die ruhige Ausstrahlung von Fragonards Bild.

Genoveva las aber nicht, sie verglich, suchte und rumorte leise. Giorgio überlies sie ganz ihrer Suche und verschwand rückwärts in das dunkle Innere seiner vier Wände.

V ~ Kohlestücke

Es brachte mir keinen geringen Gewinn,
als ich im Dunkel im Bett liegend im Geist
die Umrisse derjenigen Formen nachzeichnete,
die ich kurz zuvor studiert hatte –
besonders derjenigen, von denen ich den
Eindruck hatte, sie seien am schwersten zu erfassen
und in der Erinnerung zu behalten.
Auf diese Weise werden sie fest im Geist
verankert und im Gedächtnis eingelagert.

Leonardo da Vinci

Genoveva hatte offensichtlich einen florentinischen
Rundum-Waschtag, der den stofflichen Reiz des diesi-
gen Sommertages in Giorgios Augen um einiges zu erhöhen vermochte. Giorgio beobachtete, wie sie, umhüllt
nur von einem Handtuch, nasse Wäsche auf dem Balkon verteilte. Ihr Geschmack ließ ihn anhand der Farben
ihres Gewandes eine Vorliebe für das elisabethanische
Zeitalter vermuten. Sensible Menschen, sinnierte er,
spüren die Farben der Dramen, die Töne und Geschichten in den Bildern. Die menschliche Seele, dachte Gior-

gio, nähre sich mit Tönen und wachse in den Farben. In ihr verschmelze alles in vollkommener Harmonie.

Die Sonne strahlte auf seine Seite der Gasse und tauchte dadurch die gegenüberliegende Seite in ein weiches, fast unwirkliches Licht. Giorgio war überzeugt, dass Leonardo seine Modelle genauso platziert hatte. Das diffuse Mittagslicht mit seinen weichen Schatten schmeichelte den Damen.

Genoveva richtete ein erdfarben-grünes Tuch zu ihrer linken und ein breiteres weißes Tuch etwas mittiger zu ihrer rechten Seite. Ihr perlmutt-schimmerndes Haar war unter einem dunklen Handtuch verborgen. Einzelne Härchen glitzerten wie Funken zwischen den Falten des Tuches hervor. Nachdem sie alle Kleidungstücke verteilt hatte, setzte sie sich mit dem Rücken zu Giorgio.

Ingres' „Badende von Valpincon", anmutig, weniger unschuldig und vor allem getaucht ins Licht Leonardos, dachte Giorgio.

Sie müsste nur das Badetuch ablegen.

„Spüren Sie das weiche Licht, Genoveva?"

„Ja … es ist ein verträumter Tag!", erwiderte sie, während sie ihr Halbprofil zeigte und die linke Schulter etwas höher zog. Sie stand auf und ging ins Haus.

Giorgio blieb noch lange am Fenster stehen, betrachtete die Stoffe am Balkon gegenüber und genoss deren sanfte Farben.

Erinnerungen an die letzte Nacht flammten auf und Giorgio begann in seinem seit Jahren unbenützten Atelier zu kramen. Auf der Suche nach dem geeigneten Werkzeug, mit dem er den Schatten der unbekannten Schönen nachziehen wollte, kam ihm eine besondere Sache wieder in den Sinn.

Es waren fein-säuberlich beschriftete und mit Zeichenkohle gefüllte Schachteln, die er vor Jahrzehnten selbst gebrannt hatte. Unzählige kleine Schachteln, manche davon aus Holz oder Metall, manche sogar aus Stein, belagerten seinen Schreibtisch und die Bücherregale. Hunderte Schachteln, hunderte Schicksale, verwoben miteinander in einer gemeinsamen Geschichte, warteten seit Jahrzehnten darauf, in Zeichnungen verwandelt zu werden. Doch Giorgio zeichnete nicht mehr, er wusste nicht, für wen. Heute, zum ersten Mal seit Jahrzehnten, dachte er wieder daran, einen Schatten nachzuzeichnen und erinnerte sich an die Erzählungen des römischen Geschichtsschreibers Plinius vom Ursprung der Malerei, als in einer traurigen Liebesgeschichte eine junge Frau den Schatten ihres in den Krieg ziehenden Geliebten an einer Wand mit zarten Linien festhielt. Giorgio öffnete eine kleine Schachtel, die, mit „Francesco" beschriftet, der Beginn dieser ungewöhnlichen Sammlung war und betrachtete das klein Stück Zeichenkohle darin.

Als junger Mann besuchte Giorgio südwestlich von Padua eine kleine italienische Gemeinde, die sich „Arquà Petrarca" nannte. Dort stand er eines Nachmittags am Grabmal von Francesco Petrarca. Giorgio erinnerte sich, als wäre es gestern gewesen, an dieses Gefühl der Verbundenheit mit dem Dichter und daran, wie schwer er sich lösen konnte von diesem Ort und dem Menschen, der ihn so sehr berührte. Er erinnerte sich, wie er verstohlen um sich blickte und heimlich über die knapp einen Meter hohe schmiedeeiserne Umrandung des Grabes stieg, um Zweige von den darin wachsenden Buchsbäumen zu stehlen. Während der knapp zweistündigen Heimfahrt von Padua nach Florenz hielt er die Zweige in der Hand und in ihm stieg die Idee auf, den Buchszweig in Zeichenkohle zu brennen. Die Vorstellung, mit solchem an Energie und Geschichte aufgeladenen Material Werke zu schaffen, begeisterte ihn maßlos.

Seither hatte er hunderte Grabstätten von Menschen besucht, deren Wesen ihn auf die eine oder andere Weise beeindruckte, Menschen, nach denen er Sehnsucht hatte, oder deren Werk er liebte.

Giorgio legte Petrarcas Schachtel zur Seite und nahm eine um vieles kleinere, silberne Schachtel in die Hand. Darin lag ein etwa drei Zentimeter langes, kaum zwei Millimeter breites Kohlestück auf bourbonroten Samt gebettet. Dieses kleine Zweigstück hatte er in einer Ritze der Grabstelle von Simonetta Vespucci gefunden. Das Stück war ihm besonders wertvoll, da dort selten bis gar nicht Holzstücke herumlagen. Simonetta galt in ihrer Zeit als die schönste Frau von Florenz, sodass Botticelli seiner Venus Simonettas Gesicht verleibte und sie weiter in seinem berühmten Gemälde „La Primavera", in der Darstellung der drei Grazien, unsterblich machte. Botticelli, Michelangelo, ja alle Maler jener Epoche, dachte Giorgio, durften nur die Gesichter ihrer weiblichen Modelle malen. Die Frau als Ganzes, so, wie die Natur sie schuf, war ein Tabu, „ein Teufelswerk". In der Frührenaissance, erinnerte sich Giorgio, hatten sich die kirchlichen Dogmen mit ihren verschrobenen Vorstellungen des Weiblichen noch nicht gänzlich aufgelöst. Die Maler entnahmen das Motiv des weiblichen Körpers aus dem Vorbild der griechisch-römischen Skulpturen, oder ganz einfach aus dem männlichen Körper. Der Gedanke an diese Zustände der damaligen Zeit erzürnte Giorgio.

Nun hielt er Simonettas kleine Schachtel zwischen seinen Fingern und dachte an die verborgen gebliebene Schönheit ihrer Körperformen. Er fragte sich, ob jetzt der Moment gekommen war, dieses kleine Stück Kohle zu gebrauchen. Sein Geist verknüpfte auf geheimnisvolle Weise den Schatten vom Fenster mit Simonetta Vespucci. Doch Simonettas Kohle reichte gerade für eine einzige Linie. Giorgio beschloss, damit die Kontur von Hals zu Gesicht zu zeichnen, das eindringlichste Zeichen weiblicher Eleganz. Mit Petrarcas Kohle würde er die Linie ihres Rückens ziehen, da ja seine Sonaten an Laura de Noves das Rückgrat der Sinnlichkeit Europas bildeten. Giorgio hatte auch eine Laura-Schachtel. Er liebte und hasste gleichermaßen Lauras ungewollten Einfluss auf die Welt. Als er vor Jahren an ihrem Denkmal in Paris stand, sprach er innerlich mit ihr. Er dankte ihr, dass sie Petrarca zum Dichten inspirierte und so die literarische Renaissance einleitete und rügte sie dafür, Urururgroß-mutter von Marquis de Sade gewesen zu sein. Er hob eine vertrocknete Rose, die ihr zu Füssen lag, auf, nahm sie mit und brannte aus ihrem Stiel ein Stück Zeichenkohle. Diese Franzosen, dachte Giorgio. Jetzt fehlte noch die Kohle für Brust und Haare, doch Giorgio scheute sich, Lauras Kohle dafür zu gebrauchen. Er setzte sich hin und dachte nach. Im Geiste wanderte er durch die Kunstgeschichte und langte schließlich zur Schachtel von Helene Fourment, der geliebten zweiten Frau Rubens. Sein „Pelzchen" unterschied sich gänzlich von all seinen anderen Malereien. Hier war jeder Pinselstrich hingehaucht. So malte nur ein Liebender, wusste Giorgio, als er zum ersten Mal in Wien vor dem „Pelzchen" stand.

Er blickte aus dem Fenster, um die Menschenschatten zu prüfen. Es war so weit. Behutsam verstaute er seine Schachtelchen in der Sakkotasche, griff nach seinem Hut und machte sich auf den Weg. Ganz entgegen seiner Gepflogenheiten schritt er durch die Gassen, ohne sie wahrzunehmen. Vertieft in seine Gedanken, keimte eine Frage auf: Was zog ihn so an? Ist es sein Malerherz oder der Mann in ihm, oder gar beides? Was machte die Schönheit der Frauen mit ihm? Welche Bedeutung lag ihr zu Grunde? Giorgio war verwirrt, dabei hatte er sich ein einfaches System zurechtgelegt: eine Innenwelt und eine vorgegebene Außenwelt, innerhalb der er sich aussuchen konnte, was er wahrnahm und was nicht. Seine Innenwelt gehörte ihm ganz. Keine Religion und auch keine Ideologie hatten da jemals etwas zu suchen.

Giorgio blieb vor einem Fenster stehen, betrachtete sein durch beleuchtete Fassaden durchbrochenes Spiegelbild und war sich gewiss, dass er und nur er in seiner Innenwelt zu bestimmen vermochte, wie tief und wie weit er sich darin vorwagen könne. Er musste nicht mehr – wie damals als junger Mann – wissen, was das war, was ihn im Inneren nährte. Gleichsam dem Sisyphus, der seinen Fels ins Absurde rollte, wuchtete Giorgio lebenslang Gedankenwelten unzähliger Denker mühevoll hinauf in sein Bewusstsein. Die Felsen der Philosophen waren unterschiedlichster Natur: Erdig, die der Griechen, scharfkantig und bei Berührung oft schmerzhaft, die der Deutschen, glatt, sodass man leicht daran abglitt, die der ganz späten Franzosen. Doch alle diese Gedankenwelten versagten kurz vor dem Gipfel ihrer Möglichkeiten, den Schleier vor dem Ursprung der Schöpfung zu lüften.

Immer wieder begann er von vorne und stellte über die Jahre auch unzählige eigene Überlegungen an, mit denen er, hilfesuchend, seine Umgebung quälte. Eines Tages aber, als er gerade mal wieder mit seinem Felsen im Tal gelandet war, setzte er sich erschöpft auf seinen Felsbrocken und betrachtete den Berg, den er hunderte Male zu erklimmen versucht hatte. Giorgio saß inmitten eines Schlachtfeldes und betrachtete es schweigsam. Unzählige Felsen bezeugten seinen Kampf zwischen Materie und Geist. Sein stilles Ringen um Erkenntnis war nun endlich vorbei. Demut war wahrscheinlich das Erste, was er in dieser Ruhe fühlte und seine Art zu denken begann sich allmählich zu verändern. Risse taten sich in den Felsen auf mit der Zeit, aus denen Knospen sprossen, um sich als Pflanzen der Erkenntnis mit der Erde zu verbinden. Und jede Knospe legte Zeugnis ab vom Wunder der Schöpfung, zu dem jeder Mensch Zugang hätte. Giorgio erkannte den Moment, als ihm die Natur die Hand reichte und somit seinem Denken und Tun endlich einen Sinn verlieh.

Den Fels erfolgreich an den Gipfel zu stellen, hieß für Giorgio, dem Schöpfer entgegenzuwachsen und nicht, ihn bloß erkennen zu wollen. Denn Verstand allein ist der Erkenntnis nie gewachsen. Aus diesem Grund hat der Mensch zwar Zugang zum Akt des Schöpfens, doch noch keinen zur Erkenntnis über den Schöpfer selbst. Das war Giorgios Lehre.

Seine Innenwelt bildete sein metaphysische Spielfeld. Hier war Unendlichkeit. Hier entstanden Imaginationen, hier blühte die Inspiration und lebte die Intuition. Daran konnte er wachsen, immer und jederzeit, insofern er dafür bereit und offen war. So erkannte er, was für ein weiser und milder Lehrmeister sich in der Schöpfung verbarg. Sein Inneres gehörte ihm allein, doch alles, was er daraus schöpfte, gehörte allen. Und er spürte die ernste und tiefe Verantwortlichkeit, die damit einherging. Doch eines, schien ihm, würde er für sein Leben gern, und sei es nur für einen Moment, endlich auch begreifen wollen: Die Wirkung des Schönen auf ihn, das von außen in sein Inneres eindrang und sein Weltbild aushebelte. Dieses mysteriöse, geliebte, oft bekämpfte, im weiblichen Wesen verankerte Schöne, das ihm Geist, Seele und Körper verzauberte, war sein letztes Rätsel, für das es Wert war zu sterben.

Giorgio saß schon an seinem Tisch in Antonios Cafeteria, ohne wahrgenommen zu haben, wie er dahin gelangt war. Er nahm die Schachteln aus der Tasche und stellte sie nach Plan geordnet auf den Tisch vor sich. Antonio brachte den Port und überlegte kurz, ob er das Glas vor, oder hinter, oder eher rechts der kleinen Schachteln abstellen sollte.

„Was hast du denn da, Giorgio?"

„Wartende Erinnerungen, Antonio!"

„Und worauf warten sie?"

„Sie warten auf ihre Zukunft."

Giorgio blickte abwechselnd von den Schachteln zur Wand. Früher hatte er die Angewohnheit, sich innerlich stundenlang vorzubereiten, bevor er zu zeichnen begann. Ein Visualisieren, die Vorstellung festigen, etwaige Schwierigkeiten im Vorhinein erkennen und – wenn es sein Talent erlaubte – zu beseitigen. In diesem sehr besonderen Fall war die Vorgehensweise umso wichtiger. Manchmal ist es eine einzige, kleine Linie, die bebt und lodert, die mehr verspricht, als der Geist gewohnt ist zu vernehmen.

Giorgio hatte das Glück, diese eine Linie einige Male erlebt zu haben. Es sind immer die ersten Striche, dachte er, während die Schattenspiele an der Wand an ihm spurlos vorübergingen. Die Striche, die alles bestimmten und von denen jeder, sich selbst überlassen, in die gewünschte Wirkung weiter wandern könnte.

Giorgio beschloss, mit Helenes Kohle, mit der Linie von der Hüfte bis zum Hals, zu beginnen. Der Rest müsste sich, im besten Falle, von selbst ergeben.

„Ist alles in Ordnung, Giorgio?"

Antonio vermutete eine Ruhe vor dem Sturm in der Art, wie Giorgio die Wand anstarrte.

„In allerbester Ordnung, mein lieber Freund."

Der Abend neigte sich seinem Ende zu und Antonio begann, die Tische abzuräumen. „Bleibst du wieder länger?" „Wenn es dir nichts ausmacht?" „Noch ein Port?"

„Unbedingt, Antonio!"

Antonio schenkte nach und verabschiedete sich. Die Nacht war ungewöhnlich. Die Stille war süßschwer und löste das Bittere des weltlichen Treibens wie eine enttarnte Illusion auf. Giorgio ertrank beinahe in dem Nektar dieser ungewöhnlichen Nacht und nickte ein. Doch ein kräftiges Keuchen ließ ihn hochschrecken. Der weiße Windhund stand vor seiner Nase.

„Grüß dich, mein Freund!"

Der Windhund drehte sich weg und verschwand wie ein Pfeil im Schatten der Gasse.

Und dann sah Giorgio sie, wie sie mit jemanden sprach. Er blieb ganz ruhig sitzen. Sie steckte ihr Haar hoch.

„Ist es so recht?"

Ihre Stimme war sanft und hoch. Sie setzte sich ans Fensterbrett, drehte sich zur Seite, hob das Kinn und verwandelte sich in Anmut und Eros.

Jetzt wurde Giorgio klar, dass sie für jemanden Modell saß. Er versuchte, so lautlos wie nur möglich aufzustehen, doch sein Stuhl gehorchte der Physik und nicht ihm und kratzte laut übers Pflaster. Die Schöne sah kurz aus dem Fenster und ging gleich darauf wieder in ihre Position. Giorgios Herz überschlug sich, als er kurz dachte, dass die Grobheit des kratzenden Geräusches das Traumbild zerplatzen lassen würde, doch das Bild war noch immer da und der Traum noch nicht ausgeträumt.

Giorgio ging bedächtigen Schrittes, die Schachtel Helenes in der Hand, zur Schattenwand. Gleichsam überkam ihn das Gefühl, dass etwas Altes, in ihm schlummernd Wartendes, in seinen Gedankenwelten Eingegrabenes wieder aufkeimte: Seine malerische Leidenschaft.

VI ~ Der erste Strich

Ein guter Maler ist inwendig voller Figur
und wenn er ewig leben könnte, hätte er aus den
inneren Ideen, von denen Plato schreibt, immer
etwas Neues durch die Werke auszugießen.

Albrecht Dürer

Man kann nicht einfach nur einen Strich machen, dachte Giorgio, als er den ersten Strich setzten wollte. Man muss die Kohle mit der Kante ansetzen und erspüren, wie die Linie Kontakt aufnimmt. Akzentuiert sie eine Schärfe nach außen und eine Weichheit nach innen oder umgekehrt. Und stimmt diese Entscheidung mit der Ausstrahlung des Modells überein? Giorgio musste sehr seitlich stehen, um selbst keinen Schatten zu werfen. Und obwohl in seinem Geiste die erste Linie, bereits ideal in ihrer Form, sozusagen morphologisch berechtigt, Gestalt annehmen wollte, hielt er inne, drehte sich um und wagte einen direkten Blick zum Fenster, um seine innere Vorstellung der Zeichnung mit der tatsächlichen Ausstrahlung der Frau zu vergleichen. Viel sanfter, sehr viel mehr sanfter, dachte er. Grobheit wäre eine gehaltlose Intensität und würde allem, was er beim Anblick dieser Frau empfand, widersprechen. Doch der alte, steinerne Grund verhielt sich nicht wie eine Tabula rasa. Mit scheinbarer Planlosigkeit beeinflusste er jede Linie, die seine Wirkung verändern wollte, als fühlte er sich berechtigt, ein Wörtchen mitzureden. Giorgio erkannte, dass er zuerst die Struktur des Steins verstehen musste. Er drückte das Kohlestück quer an die Wand, genau gegen die Stelle, wo er sicher war, dass dunkelster Schatten sein würde, und setze dort einen breiten, kurzen Strich.

Er spürte eine nimmermüde Weisheit in den sich zeigenden Strukturen der Kirchenwand. Das ist Geschichte, dachte Giorgio, ein halbes Jahrtausend Wind und Regen, Menschen, Kämpfe und Liebende, deren Rücken daran lehnten.

Geschichte, festgehalten in einer Schrift, die nur die Zeit zu schreiben verstand. Das durfte er nicht ignorieren. Das wäre wie ein Ausradieren tatsächlich geschehener Ereignisse. Vielmehr musste er das mitnehmen, mitspüren und den Schatten dieser unvergleichlichen Frau über diese in Stein gelebte Geschichte hauchen. Gleichsam, als wäre sie ein Balsam, dessen heilende Wirkung allen erlebten Schmerz besänftigte.

Giorgio stellt sich aufrecht mit dem Rücken zur Wand und sah sie an, bis ihr Bildnis einen Weg in seine Psyche fand und sein ästhetisches Gewissen wachsen ließ. Dann schloss er die Augen und musste nicht lange warten, bis ihr Bildnis einen Weg in sein Herz fand und seinen Willen anspornte. Giorgio nannte das: den Instinkt durch die Intuition ersetzen. Erst dann wäre man vielleicht so weit, eine innen gewachsene Vorstellung zu verwirklichen.

Helenes Kohle verrieb sich zur Gänze an der Taille, der Brust und auch an den Fragmenten des seidenen Stoffes, der sie umhüllte. Giorgio lief zum Tisch und holte Petrarcas Kohle. Alles ging fieberhaft schnell und komplett losgelöst von seiner Umgebung vervollständigte er mit der Rückenlinie den kaum spürbaren Kontrapost des schönen Torsos, der gleichsam wie eine antike Skulptur sich aus dem Stein schälte. Die Formen wuchsen aus seinem Inneren der Wirklichkeit entgegen. Oben, beim hochgesteckten, gelockten Haar, zog er mit Petrarcas Kohle die letzte Linie. Er presste dabei das letzte Krümelchen Kohle mit der Kuppe seines Zeigefingers gegen die Wand und zog damit eine Kurve, bis es ganz verschwand. Jetzt wartete nur noch Simonettas winziges

Kohlestückchen darauf, sich dem Hals und dem Gesicht der Schönen hinzugeben, doch als Giorgio sich umdrehte um es zu holen, holte ihn eine ganz andere Wirklichkeit ein.

VII ~ Der Traum

Nichts erweckt die Geister der Menschen mehr und lässt ihnen die Mühseligkeiten des Studiums minder anstrengend erscheinen, als die Ehre und der Nutzen, die nach saurer Arbeit durch Kunst und Geschicklichkeit gewonnen werden; sie machen einem jeden eine schwierige Unternehmung leicht und seine Talente reifen schneller, wenn sie durch das Lob der Welt gesteigert werden.

Vasari

„Was machen Sie hier so spät?"

„Ich zeichne."

Der Schatten des Fensterlichtes verschwand mitsamt der Frau und an seiner Stelle trat der überdimensionale Schatten Filippos, des Staatsanwaltes. Er war gerade am Weg nach Hause, als Giorgio, mit von Kohle beschmierten Händen, plötzlich vor ihm stand.

„Sie zeichnen! Mitten in der Nacht!"

Giorgio nickte und deutete auf die Zeichnung. Filippo, der mit Rücken zur Kirche stand, drehte sich um und sah Giorgios begonnenes Werk. Er ging näher und vertiefte sich darin.

Giorgio stellte sich neben ihn.

„Ich bin noch nicht fertig, morgen mache ich weiter."

„Sie beschmieren San Salvatore in Ognissanti, eine Kirche aus dem zwölften Jahrhundert, mit Titten und zeigen mir das auch noch?"

Giorgio wusste nicht zu antworten. Es war ihm nicht möglich zu erklären, was in ihm vorgegangen war, denn das konnte er selbst kaum verstehen, geschweige denn einem jungen Staatsanwalt erklären, der in ganz anderen Welten lebte. Filippo wartete auch keine Antwort ab, er rief geradeaus die Polizei an. Beide Männer schwiegen, bis Pepe kam. Sie starrten auf die Zeichnung und niemals waren zwei Intensionen einer und derselben Sache gegenüber so unterschiedlicher Natur. Pepe der Carabinieri kam offensichtlich aus dem Schlaf gerissen ein paar Minuten später dazu. Er begann, ohne zu grüßen, das Gesetzt zu verlesen.

„303 Strafgesetzbuch, als Straftat geregelt. Dort heißt es: Erstens: wer rechtswidrig eine fremde Sache beschädigt oder zerstört, wird mit einer Freiheitsstrafe bis zu zwei Jahren oder mit einer Geldstrafe bestraft. Zweitens: ebenso wird bestraft, wer unbefugt das Erscheinungsbild einer fremden Sache nicht nur unerheblich und nicht nur vorübergehend verändert. Was hier genau zutrifft, klären Sie vor Gericht, Herr Staatsanwalt. Ich werde mich um einen baldigen Termin kümmern und die Sache im Sinne des Staates zur Anzeige bringen."

„Eine gute Nacht, Giorgio. Für mich ist sie das ganz bestimmt."

Filippo kehrte seinen arroganten Rücken Giorgio zu und ging weg. Pepe der Carabinieri betrachtete die Wandzeichnung mit schiefem Kopf.

„Bei Kirchen sind sie sehr heikel, Giorgio! Was haben Sie sich bloß dabei gedacht? Haben Sie zu viel getrunken?"

„Entschuldige den Aufwand, Pepe."

Giorgio sammelte seine Schachteln auf und ging wortlos mit gesenktem Haupt und beraubter Würde nach Hause. Statt eines Meisterwerks ein Häftlingsgruß! Wie passend als Abschluss meines Lebens, dachte Giorgio. Er dachte an den eigenen Tod und an die verlässliche Ironie, mit der ihn das Leben unaufhaltsam dorthin führte.

Zuhause angekommen war dann der Anblick Genovevas, die im Nachthemd am Balkon in eine Lektüre vertieft war, wie Balsam für seine Seele.

Giorgio setzte sich, stützte sein Kinn auf die am Fensterbrett verschränkten Hände und wirkte wie ein junger, sich langweilender Mann. Ein paar Minuten lang sah er Genoveva zu und fiel eingetaucht in ihr Wesen in einen Halbschlaf. Mit nicht zur Ruhe kommenden Gedanken kreiste sein Geist um die Art und Weise, wie er ein Werk anging. Giorgio wusste immer, dass er als Maler nicht perfekt war, doch die Intensität und die Liebe, die er im Stande war aufzubringen, um ein Bild zu beginnen, waren nie gespielt. Sie waren immer aufrichtig. Sie waren nie an dem, was der vermeintliche Zeitgeist verlangte, angepasst, allein seine Sehnsucht diktierte sie ihm. Und die Gegenwart rächte sich dafür. Sie strafte ihn mit Ignoranz.

Giorgio galt sein ganzes Leben lang als „nicht zeitgemäß". Er verstand nicht warum, war doch alles aus vergangenen Zeiten Herübergekommene durch Können und eine ehrwürdige Verehrung entstanden. Hat die Gegenwart es tatsächlich durch etwas Besseres ersetzen können, frage er sich täglich. Nein, hat sie nicht, antwortete es tief aus seinem Inneren. Diese Antwort ermutigte ihn und gab seiner Existenz Berechtigung. Und so, wie er jetzt seinen Schlaf nicht zwingen konnte, endlich den unruhigen Geist zu übermannen, so konnte er auch nicht das Geringste daran ändern, dass durch sein Blut etwas Zeitloses floss, das ihn die Gegenwart wie einen flüchtigen Moment erleben ließ.

Giorgio wurde durch ein Klopfen aus dem Schlaf gerissen. Er stand benommen und ungelenk vom Stuhl am Fenster auf und ging zur Tür. Zwei Männer standen dort in Uniform. Der eine legte ihm Handschellen an, während der andere ihm seine Rechte vorlas. Sie zerrten ihn in einem ihrer Jugend zuzuschreibenden Eifer aus dem Haus. In den Gassen warfen die Menschen ihm verachtende Blicke zu, die ganze Stadt wusste mittlerweile, dass er die Kirche beschmiert hatte, ein Sakrileg in Florenz. Selbst sein alter Freund Antonio drehte sich weg, als er an Giorgio vorbeiging. Eine besonders motivierte Gruppe an Inquisitions-Nachkömmlingen drang in seine Wohnung, stürzte sich auf die Schachteln und warf alles, was sie fand, aus dem Fenster. Die Schachteln öffneten sich im Flug und zerschellten am Boden, während die Kohlestücke in der Luft ins Schweben kamen. Die Menschen auf der Straße unter Giorgios Fenster verharrten plötzlich und begannen, die in der Luft stehenden Kohlestücke zu beobachten, die mit einem Mal heller wurden und ihre Beschaffenheit veränderten.

Manche davon färbten sich ins Grün, manche wurden zu hellem Ocker, auch schienen sie zu wachsen und wurden zu dicken großen Balken, die wie majestätische Raumschiffe durch die Gassen schwebten. Man konnte zusehen, wie sie sich in Rinde wickelten und Äste austrieben. Andere wiederum blieben klein, gebaren dennoch Blätter und Blüten und färbten damit den Nachthimmel der kleinen florentinischen Gasse in ein buntes Feuerwerk. Die Menschen öffneten ihre Fenster oder verließen ihre Häuser, um dem Schauspiel näher zu sein. Die Gassen füllten sich, als wäre ein Karneval an seinen Höhepunkt gekommen. Giorgio betrachtete mit einem breiten Lächeln ihre Gesichter und entdeckte darauf das seit einer Ewigkeit vermisste Staunen. Die Gesichter der Menschen zeigten Richtung Himmel: „Oh wie schön …", riefen sie und Giorgio erwiderte: „Seht ihr endlich, was meine Kohlestückchen können, seht ihr das endlich wieder?!"

Giorgio wusste jetzt: die wahre Malerei ist jene, welche ein Staunen in die Gesichter der Menschen zaubert!

Dieses im Takt pulsierende Streben Giorgios nach dem erhabenen Teil des Schönen entfaltete sich immer ungebremst in seinen Träumen, als wäre für die Erhabenheit ein Spezialistentum zuständig, das sich nur in den Träumen zeigte.

„Giorgio, Giorgio … Aufwachen …
Sie sollten nicht so am Fensterbrett schlafen!"
Giorgio öffnete die Augen. Er stützte sich auf das Fensterbrett, um aufzustehen. Er wollte etwas sagen und schubste unabsichtlich mit seiner linken Hand Simonettas Schachtel vom Fenster. Die Schachtel öffnete sich im Flug und die Holzkohle Simonettas löste sich vom roten Samt. Die Schachtel zerbarst am Boden, während die Kohle einen Windstoß bekam und vor Genovevas Füßen landete. Die müde Genoveva sah verdutzt hinab, fixierte das Stückchen Kohle mit den Augen und blickte fragend in Giorgios Gesicht.

„Das ist ein besonderes, für mich wertvolles Stück einer sehr alt gewordenen Sammlung, Genoveva."

Genoveva bückte sich mit durchgedrückten Knien, hob die Kohle auf und verschwand im Haus. Ein paar Augenblicke später stand sie unten in der Gasse, blickte um sich, hob die Schachtelteile auf und durchschritt die Haustür des gegenüberliegenden Hauses. Kurz darauf klopfte es an Giorgios Tür. Giorgio spürte, wie sein Herz zu pochen begann, während er zur Tür ging.

„Bitteschön!" Genoveva streckte beide Hände nach vorne. In der rechten die Schachtelteile, in der linken das Kohlestück.

„Dankeschön, Genoveva!"

Giorgio bemerkte die zartgliedrigen Finger, welche mit ihrer schlanken und eleganten Art nur in Anthonis van Dycks Gemälden zu finden waren. Er verharrte kurz, als er die Innenfläche ihrer Hand berührte, als müsste er noch einmal etwas auskosten, das ihm in seinem Leben zu selten begegnet war. Genoveva sah erst jetzt, wie groß und kräftig der alte Mann war. Ihre knappen ein Meter und siebzig erschienen zwergenhaft angesicht der kolossalen Körpergröße Giorgios. „Darf ich Sie als Dankeschön auf ein Glas Wein einladen?" „Dankeschön, Giorgio, aber es ist mitten in der Nacht … wenn Sie möchten, können wir morgen Vormittag zusammen einen Kaffee trinken."

„Ja, das möchte ich! Wann möchten Sie kommen?"

„Ich dachte eher an eine feine Cafeteria, so gegen zehn Uhr?" Giorgio verstand ihre Vorsicht und fühlte sich fast geschmeichelt.

„Ich hol Sie um Punkt zehn Uhr ab und bringe Sie zu meiner Lieblingscafeteria. Ich denke, Sie haben einen Sinn für diesen Ort."

VIII ~ Die Frau im Spiegel

Wenn ich alles Große genau betrachte, so sehe ich,
dass es aus lauter Kleinigkeiten zusammengesetzt ist,
und wenn ich ganz genau hinsehe, erkenne ich, dass
es so etwas wie eine Kleinigkeit gar nicht gibt.

Michelangelo

Nicht jedem Mann war es gegeben, an einem sonnigen Vormittag, in der wahrscheinlich schönsten Stadt der Welt, mit einer venusgleichen Florentinerin zu flanieren. Giorgio stand an seinem Fenster und holte tief Luft. Wie schön kann Atmen sein, wenn man das Gefühl hatte, mit jedem Atemzug an Geschichte und Sinnlichkeit zu wachsen.

Genoveva saß indes an ihrem Schminktisch und betrachtete sich darin. Sie beugte sich nach hinten rechts, um durch die Balkontür hinauszusehen und sah Giorgio, wie er an seinem Fensterbrett gestützt die Luft roch. Sie sah ihm verstohlen zu und fühlte eine seltsame Betroffenheit. Sie wusste nicht, wo diese herkam. War es sein Alter und das damit verbundene Gefühl eines baldigen und unabdingbaren Abschiedes? War es ein Bedauern des Umstandes, dass er nicht dreißig Jahre jünger war und sie endlich ihrem Traummann begegnet wäre? Es war ein bisschen von beidem, doch nicht ganz. Etwas anderes war noch in diesem Mann. Es war die Art, wie er sie ansah, wie er sprach, es war etwas, was tief aus seinem Inneren herüberkam ... es erzeugte Nähe und zugleich Distanz, es ließ Geborgenheit entstehen und machte zugleich unsicher. Es war eindringlich, doch niemals aufdringlich. „Er kam, um zu gehen ...", dachte Genoveva. Es war ihr, als sei sie in die Nähe von etwas gekommen, nach dem sie schon immer gesucht hatte. Und Genoveva ahnte, dass dieses Etwas ihr nur einen flüchtigen Besuch abstattete, um sehr bald seine Reise fortzusetzen, wohin auch immer diese führte.

Genoveva stand abrupt auf und begann, nach einem Kleid zu suchen, welches dem Tag, der Stadt und vor allem ... dem Mann gerecht war. Sie wollte in Giorgios Augen wie ein Gemälde wirken.

„Auf keinen Fall gelb, das wurde ja erst 1780 erfunden, und auch keine Kunststoffe, das würde Giorgios Empfindungen bezüglich des, wie er es nannte, stofflichen Reizes stören." Genoveva ging zu ihrem Bücherschrank, suchte nach einem Buch über Botticelli, das sie schon eine Ewigkeit begleitete, und fand ein Bild von Simonetta Vespucci als Nymphe.

Mit diesem Bild vor Augen ging sie nochmals zum Kleiderschrank und fand ein Kleid, das zwar etwas bräunlicher war, doch einen ähnlichen Ausschnitt wie das von Simonetta hatte. Zwei kordelartige Bänder umfassten Brust und Hüfte und entsprachen ziemlich genau der Modevorstellung der Florentiner zur Zeit der Renaissance. Sie hatte keine schwarze Kamee wie Simonetta im Bild, doch ihre lachsfarbene kam dem Original sehr nah. Die Haare steckte sie hoch, um ihren Hals zu entblößen. An der rechten Seite verzierte eine sprunghafte Locke ihr Gesicht, was keine Absicht, sondern eine Eigenart ihrer Haare war.

Es war bereits zehn Uhr und Giorgio nicht mehr an seinem Fenster. Genoveva verließ ihre Wohnung und ging die vier Stockwerke nach unten. Giorgio stand bereits vor ihrem Haus und erwartete den Moment, als sie die Haustür öffnete. Giorgio verstand augenblicklich ihre Mühe ob der Gestaltung ihres Aussehens. Er honorierte es mit einem kleinen Lächeln und beide spazierten Richtung Antonios Cafeteria los. Sie verschmolzen mit der Stadt, stets festgehalten in der Aura der Malerei.

„Vor kurzem, des Nachts, hab ich Sie beobachtet, oder besser gesagt, Ihre eindringliche Energie, mit der Sie in zwei Schriften gleichzeitig lasen. Das eine war ein Skript, wenn mich mein Deutungssinn nicht verlässt."

„Er verlässt Sie nicht. Alles andere hätte mich verwundert!"

„Wenn man Neugierde als Schwäche versteht, muss ich offen zugestehen, dass ich diese Schwäche besitze, Genoveva."

„Ich habe gar nicht bemerkt, dass Sie da waren."

„Ich meine ja, Sie waren eindringlich in zwei Schriften zugleich vertieft."

Genoveva sah Giorgio an.

„Faust I. Ich werde demnächst Goethes Welt bewohnen."

„Und Sie verglichen das Original mit der Strichfassung des Regisseurs, richtig?"

„Richtig, Mister Holmes!"

„Und was haben Sie darin entdeckt?"

„Andersrum, Sherlock."

„Wie profan von mir, also, was haben Sie darin nicht entdeckt?"

„Den Prolog im Himmel!"

„Das darf wohl nicht wahr sein!"

„Ist es aber, Giorgio …!"

„Der Prolog im Himmel ist …"

„… der Grund für die ganze restliche Geschichte, Giorgio!"

„Was geschieht, wenn man ‚Faust' den Prolog streitig macht?"

„Ist das eine rhetorische Frage, Giorgio, oder wissen Sie es wirklich nicht?"

„Ich will Ihre Version davon hören, Genoveva."

„Man stellt dadurch Mephistopheles über Gott, Giorgio." Beide gingen schweigend weiter und Giorgio versuchte zu erahnen, welche der Frauenfiguren in Goethes „Faust" zu Genoveva passte. Margarete könnte es nicht sein. Fast eine jede blutjunge Schauspielerin, ungeachtet ihres Aussehens, hätte eine Gretchen sein können. Marthe hingegen war zu derb, zu vulgär, was für ein Idiot könnte auf die Idee kommen, Genoveva als Marthe zu besetzten? Das Lieschen, unmöglich.

Giorgio war kurz ratlos. Gar die Hexe?

„Ich werde die Frau im Spiegel in der Hexenküche spielen." Genoveva ging mit leicht gesenktem Kopf neben Giorgio und er vernahm eine kleine entschuldigende Note in ihrem letzten Satz. Jetzt tauchte die Erinnerung dieses Segmentes aus dem Drama in Giorgios Geist auf. Seine Augen begannen zu glänzen.

„Genoveva, darf ich Ihnen etwas sagen?"

Genoveva blieb stehen und sah Giorgio fragend und zugleich skeptisch an.

„Wenn Sie mich trösten wollen, dass ich die kleinste Rolle im Stück spiele, dass ich mehr oder weniger nur da stehe, während ich dabei keinen einzigen Satz sage, bitte, nur zu!"

„Die Frau im Spiegel, liebe Genoveva, ist ein Sinnbild, ein Prinzip. Sie stellt das Ideal der weiblichen Schönheit dar. Mephisto zaubert sie nicht zufällig im Spiegel. Mit ihrem Bild verzaubert er Faust. Er öffnet gleichsam seine Seele für die Schönheit der weiblichen Natur und lässt ihn dann an der Liebe beinahe zugrunde gehen. Das Bild der Frau im Spiegel steht über den anderen weiblichen Figuren. Sie sind nur gescheiterte Versuche oder Karikaturen dessen, Genoveva. Nur eine Frau, deren innere Tugenden sich in äußere Schönheit ergossen haben, kann Goethes Frau im Spiegel darstellen."

„Das reicht, Giorgio! … Ich danke Ihnen!"

Genoveva wusste nicht mit dieser Sichtweise auf ihre Person umzugehen. Noch nie hat ein Mann mehr in ihr gesehen, als sie im Stande war zu verstehen. Giorgio bemerkte die leichte Röte auf ihren Wangen und beendete dieses für ihn so schöne Gespräch.

„Grüßen Sie Ihren Regisseur dennoch von mir! Auch wenn er ein Problem mit Gott hat, er sehnt sich nach ihm. Manchmal stecken in den kleinsten Dingen, oder von mir aus Rollen, die größten Offenbarungen."

Genoveva klammerte sich plötzlich an die ihr zugewandte Seite Giorgios, der verzückt stehenblieb, um das Gleichgewicht zu behalten. Sie drückte ihn kurz und innig an sich, ließ dann los und schaute ihn an. Etwas Kindliches sah aus ihren Augen. Und Giorgio musste an Weihnachten denken. An Kinderaugen und Geschenkkartons.

Die Cafeteria wurde sichtbar. Giorgio konnte sich nicht erinnern, wann er das letzte Mal so früh an diesem Ort war. Das Licht prallte an der Kirche ab und schlug Saltos an den gedeckten Tischen. Giorgio begann, das Licht zu lesen, und dachte sofort an Tizian, als sich Rot- und Grüntöne gegenseitig solange abmilderten, bis sie zu einer Harmonie verschmolzen. Tizian zeichnete keine Figuren, um sie anzumalen, das taten Raffael und der ganze Norden Europas. Nein, er stellte eine Atmosphäre her und zog sie wie an einem Fotoobjektiv langsam scharf. Florenz, Venedig und noch einige Städte Italiens taten dem gleich, indem sie, schön alternd, durch ihre Patina die Gegensätze verschmolzen.

„Schnell Giorgio! Kommen Sie her, das müssen Sie sehen!" Nicht ganz ohne Stolz sah Giorgio, wie Genoveva staunend vor seiner Zeichnung an der Kirchenwand stand.

„Gefällt sie Ihnen?"

Genoveva schwieg und der Stolz Giorgios verwandelte sich in eine beißende Unsicherheit. Würde sie seine unvollendete Zeichnung als gesetzwidriges Wandgeschmiere bezeichnen? Genoveva drehte sich langsam zu Giorgio, während er mühevoll zu erahnen versuchte, was sie darüber dachte.

„Der Dame fehlt das Gesicht, Giorgio!"

Genoveva ging zwei Schritte näher zur Wand und positionierte sich so, dass ihr Gesichtsschatten auf die Zeichnung fiel und sie damit vervollständigte. Giorgio ließ einen sehr tiefen Seufzer der Erleichterung, während sein Körper weich und sein Herz warm wurden.

76

Sie sah sich selbst darin! Er strich mit seinem Finger über ihren Gesichtsschatten, der die Zeichnung ausfüllte.

„… die Vollendung im Unvollendeten!"

„Kommen Sie, Giorgio, trinken wir einen Caffè."

Giorgio führte Genoveva zu seinem Tisch und platzierte sie mit dem Rücken zur Wand. Und jetzt während er von Kohlebrennen und geheimnisvollen Gräbern sprach und während er über die Bedeutung des kleinsten seiner Sammlungsstücke, jenes, welches aus Simonettas Holzkohle gemacht war, erzählte, blickte er unentwegt und ohne den Blick nur einen einzigen Moment davon zu wenden, gleichzeitig auf Genoveva und auf das unvollendete Wandbild hinter ihr. Und während er sprach und schaute, dachte etwas Drittes in ihm daran, dass Genoveva und die Frau am Fenster am gleichen Tag in sein Leben getreten waren. Diese Fülle überwältigte ihn und spaltete aus seinem bereits dreigeteilten Bewusstsein ein viertes. „O Augenblick, verweile doch, du bist so kostbar!"

Doch so weit kam es nicht, denn Genovevas Telefon begann zu klingeln.

IX ~ Sie geht und bleibt doch

… Malerei, „o wundervolle Wissenschaft,
du bewahrst am Leben (in vita) die hinfälligen
Schönheiten der Sterblichen, welche (so) mehr
Dauer haben als die Werke der Natur, die
fortlaufend (al continuo) von der Zeit verändert
werden, die sie zum geschuldeten Alter
(debita vecchiezza) hinbringt."

Leonardo da Vinci

Genoveva entschuldigte sich, stand auf, ging zur Kirchenwand und sprach leise mit jemandem.

Mittlerweile machte die starke Mittagssonne Giorgio zu schaffen. Schweiß sammelte sich auf seiner Stirn und er rutschte mit seinem Stuhl etwas zurück, um der Sonne zu entkommen. Genoveva stand indes an der Kirchenwand im gleißenden Sonnenstrahl. Das Licht kroch in jede Ritze der Wand und des Bodens und hinterließ nur unterhalb Genovevas Kleid einen kleinen elliptischen Schatten. Giorgio beobachtete, wie die Sonne ihren Körper formte, wie das Licht an Schultern, Hüfte und Po leichte Akzente setzte, während der im prallen Sonnenlicht aufgeheizte

Boden keinen dunklen Schatten zuließ. Zuerst dachte er an die Präraffaeliten, allen voran Millais, der der Tageshelligkeit wegen direkt auf nassen, weißen Grund frische Farben setzte, um mit dem Sonnenlicht konkurrieren zu können. Giorgio musste den Gedanken an Millais, der sich dennoch nicht scheute, dunkle Schatten zu setzen, verwerfen. Dann viel ihm der belgische Symbolist Fernand Khnopff ein, von dem es Momente in seinen Frauendarstellungen gab, deren Schattenwelten auf gleiche Weise minimiert waren, wie Giorgio es gerade eben vor sich sah. Khnopffs Bilder zeigten pastellene, vom Licht ausgewaschene Farbwelten, die den Eindruck hinterließen, sie würden all ihre Schatten überwunden haben. Nur eine letzte, kleine Zeichnung, an einer sakralen Wand haftend, würde an einen alten, verflogenen Schatten erinnern.

Antonios breites Gesicht schob sich zwischen Giorgio und Kirchenwand und unterbrach dieses Assoziationsspiel.

„Wie ein Renoir … !"

Giorgio blickte Antonio erstaunt an.

„Wie ein Renoir … ! Natürlich, du hast vollkommen Recht, Antonio! Wie ein Renoir, den hab ich ganz vergessen!"

„Das ist sie! Sie inspiriert mich, Giorgio! Ich weiß nicht, was mich mehr beflügelt, ihr Hintern, oder ihr Dekolletee, oder die Art, wie sie ihre Hüften bewegt!" Antonio bekam diesen seltsamen Hundedackelblick, voller lüsterner, sehnsüchtiger und zugleich hoffnungslos wirkender Verlorenheit. Er wischte sich ein paar Schweißperlen von der schwitzenden Stirn. „Jetzt fehlt nur noch, dass sie wie Sophia Loren in ‚L'oro di Napoli' Pizzateig knetet, oder von mir aus, dass ein Platzregen vom Himmel fällt und ihr das Kleid an die Haut klebt!" Antonio verlor sich ins Schwärmen, während Genoveva immer näher kam.

„Entschuldigen Sie bitte, Giorgio, ich muss mich leider verabschieden, doch ich würde das Gespräch sehr gerne fortsetzten!"

„Ich freue mich schon darauf, Genoveva!"

Genoveva berührte Giorgios Schulter zum Abschied und ging fort. Giorgio und Antonio blickten ihr nach, wie sie die Seitengasse entlang ging.

„Da geht sie … und bleibt doch!", sagte Antonio.

„… und bleibt doch?", wiederholte Giorgio fragend.

„Ja, sie geht und bleibt doch …", Antonio deutete auf sein Herz.

„Sie geht und bleibt doch!", wiederholte Giorgio still.

„… sie geht und bleibt doch!", erwiderte sein Geist, während er auf den Schatten an der Kirchenwand sah.

Ohne jeglichen Argwohn betrachtete Giorgio Filippo, den Staatsanwalt, beim Aufsperren seiner Haustür, als dieser einen flüchtigen Blick in seine Richtung warf. „Er geht und bleibt doch …", dachte Giorgio sarkastisch. Er konnte nicht aufhören, über Antonios Bemerkung nachzudenken, und vermengte sie jetzt mit Filippos Vorwürfen von gestern Nacht. Ein öffentliches und denkmalgeschütztes Gebäude ohne Genehmigung „verändert zu haben", war die höfliche Form, wenn man Begriffe wie „verschandeln" oder „Vandalismus" einmal übersah. Gott sei Dank nahm Giorgio Geschmacksurteile anderer schon lange nicht mehr ernst und dennoch waren diese, wie einst die trockenen Dornen am Stiel der Rose von Petrarcas Laura, stechend. Er sah sich seine nächtliche „Vandale" an und verstand plötzlich, dank Antonios Bemerkung, dass er die Kirchenwand gar nicht verändert hatte, denn am besagten Abend, als aus dem Fenster über Antonios Cafeteria, durch eine Lampe und eine am Fenster stehende Frau, ein Schatten an der Kirchenwand entstand, war der Schatten ja schon da! Er hatte ihn nur festgehalten, dafür gesorgt, dass, bevor er weggeht, er da bleibt, ganz einfach. Aber nicht für die Ewigkeit, das kann Kohle nicht, sondern für eine recht kurze Zeit. Nach nur ein paar Tagen von Wind und Regen wäre er sowieso verschwunden.

Während Giorgio an die zeitliche Verlängerung eines Schattens dachte, unterhielt sich Antonio mit Manfredo, dem Postmann, über die Idealform des weiblichen Hüftschwungs.

Insbesondere im mittelschnellen Gang, wenn der Hintern, kaum spürbar, bei jeden Schritt leicht nachschwang. Antonio erzählte Manfredo hinter vorgehaltener Hand, dass die neue Bekanntschaft Giorgios ein selten gelungenes Schauspiel dafür lieferte. Giorgio hingegen war diese aufregende Tatsache gar nicht aufgefallen. Er war viel mehr vom Lichtspiel in ihren Haaren gefesselt, doch der Umstand, dass Antonio sich weiter mit Genoveva beschäftigte, brachte ihn auf einen zweiten Gedanken.

Er hatte den Schatten eben nur zeitlich verlängert, aber warum tat er das! Wegen der Einmaligkeit seines ästhetischen Reizes, der nichts Vergleichbares in der Gegenwart finden könnte. Deswegen wollte er ihn festhalten. Er wollte etwas festhalten, von dem er überzeugt war, dass es die Welt bereichert, oder andersrum gedacht, der Welt sonst abhandengekommen wäre. Der zeitlich verlängerte Schatten konnte jetzt auch tagsüber für die Menschen sichtbar gemacht werden. Feingeister konnten ihn betrachten. Ein junger Alighieri konnte ein Gedicht darüber schreiben. Die Florentinerinnen hätten beim nächsten Mal, wenn sie am Fenster standen, eine anmutigere Haltung annehmen können und Florenz wäre, selbst vierhundert Jahre nach seiner Blütezeit, noch schöner geworden. So dachte Giorgio weiter und er dachte auch darüber, dass im Grunde jedes Gemälde etwas auslöste. Keines war jemals für die Ewigkeit gemacht und jedes wird irgendwann einmal verschwunden sein, doch die Weise, wie sein Erschaffer in die Welt geschaut hatte, seine Art des Blickes, die geht für immer und ewig in die Menschheit über und wird ein Teil von ihr. Euphorisch entsponnen sich die Gedanken in Giorgios Geist weiter. Er hielt sich an ihrem Faden fest und ließ nicht locker.

Sein Geist fand den Weg zu seinem Mund und Giorgio begann kaum hörbar zu murmeln:

„… Malerei ist wie Wissenschaft. Die Wissenschaft sammelt ihre Daten über Generationen hinweg, gleicht ihre Erkenntnisse an, erweitert sie und wächst daran. So sammelt die Malerei ihre Eindrücke, vergeistigt sinnliche Momente und lässt daraus etwas, was im Gegensatz zur Wissenschaft nicht greif- und messbar ist, wachsen. Es ist eine Art Assoziationspalette, die von der Malerei geschaffen wird. Eine Weisheit des Blickes, die uns zeigt, wie schön und wertvoll alles ist, was uns diese Welt vorstellt …"

Giorgio fixierte den zeitlich verlängerten Schatten der schönen Frau an der Wand der Kirche. Sein Blick verfinsterte sich mit einem Mal, in Mitten des höchsten Sonnenstandes: „Die Malerei kann auch das Gegenteil sein … sie kann sich auch als ein Art Spiegel verstehen … ein Spiegel gänzlich frei von Hoffnung und Sehnsucht, getaucht in eine mit Schmutz befüllte Badewanne namens Welt, der seine einzige Aufgabe darin sieht, den sich in der Wanne befindlichen Dreck zu spiegeln …"

Ein Zugang, den Giorgio gut kannte, aber nie verstehen wollte.

X ~ Sandro

Als Künstler verliert man Tausend Schlachten,
die der Mensch in uns gewinnt.

Mag. Ludwig Drahosch

Das Alter, ein schlimmer Gast, dachte Giorgio, als er die Treppen zu seiner Wohnung hochging. Es gesellt sich zu dir ohne zu fragen, will nicht mehr gehen und legt sich wie eine Müdigkeit auf die noch nicht entstandenen Werke. Die Augen werden schwächer, gleichsam einem Mund, der nicht mehr kauen kann, obgleich man sich noch nicht satt gegessen hat. Das Alter ist der schlimmste Feind, dachte Giorgio, schlimmer noch als die Dummheit, die lässt sich wenigstens ansatzweise irgendwann überwinden.

Giorgio blickte hinüber zu Genovevas Balkon und sehnte sich nach seiner Jugend. Er vernahm nur noch, wie sie ihre Balkontür öffnete, und schlief ans Fenster gelehnt ein.

Trächtig voller zu gebärender Träume breitete sich die Nacht über das schlafende Florenz aus. Giorgio wachte durch den seltsamen Umstand auf, sich beobachtet zu fühlen. Er sah um sich und entdeckte nichts als Dunkelheit. Giorgio stand auf und ging ohne zu überlegen. Etwas trieb ihn an und bewegte seinen Körper. Sein Kopf hingegen war leer. Keine Gedanken, keine Fragen, keine Assoziationen. Giorgio, oder besser gesagt seine Beine, gingen Richtung Cafeteria. Dem Mond nach war es mindestens drei Uhr früh. Das Fenster über Antonios Café leuchtete als einziges in der ganzen Stadt, doch vermittelte es kein Gefühl von Einsamkeit, im Gegenteil, es verbreitete die Wärme eines Mutterschoßes, gleichsam wie die Geburt und Heimat einer Idee. Als Giorgio davorstand und hinaufblickte, wusste er nicht, ob er träumte oder wach war. „Solange ich denken kann, ist mir alles recht!" Giorgio ging auf das leuchtende Fenster zu.

„Bist du gekommen, um fertigzustellen, was du gestern Nacht begonnen hast, Giorgio?"

Sie sprach mit ihm und kannte seinen Namen.

Eindeutig ein Traum, das wusste Giorgio jetzt. Auch nicht zu wissen, wie zu antworten, war ein Indiz dafür. Dann überkam ihn dennoch die Möglichkeit einer Antwort. „Die Menschen lieben das Schöne nicht mehr …", wollte er entgegen, doch behielt er diese Antwort für sich, wissend, dass ihre Äußerung nichts an dem Umstand ändern würde.

„Ich würde gerne, aber ich habe meine Kohle vergessen!", hörte er sich letztlich sagen und zeigte verlegen seine leeren Hände. Die Schöne lächelte und drehte den Kopf in die andere Richtung.

„Sandro!"

„Ja, Simonetta!", erwiderte eine junge Männerstimme aus dem Inneren des Zimmers. Simonetta!? Wie kann das sein, dachte Giorgio, Simonetta lebte um 1470.

Simonetta sah ihn an. Ihr Blick offenbarte eine eigenartige Mischung zwischen Ernst und Leicht.

„Musen sterben nie, Giorgio!"

Giorgio erahnte, dass sie seine Gedanken hörte. Ohne diesen eigentümlichen Blick von Giorgio abzuwenden, rief sie nach ihrem Sandro, der irgendwo im Inneren des Zimmers weilte.

„Hast du etwas Kohle für Giorgio? Er hat seine vergessen."

Giorgio stand offenen Mundes unter dem Fenster und fühlte, wie sich der Raum um und über ihn dehnte. Eine Minute später kam Sandro aus der Tür und hielt Giorgio ein Stück Kohle entgegen. Mit seinen dunkelblonden Locken, ausgeprägten Lippen, kantigem Kinn und leicht arroganten grünen Augen, die Giorgio aus seinem Selbstporträt kannte, stand er da und lächelte.

„Botticelli! Du bist Sandro Botticelli!"

„Kennen wir uns? Welcher Giorgio bist du?"

Giorgio griff nach der Kohle, die Botticelli noch nicht losgelassen hatte. Keiner der Beiden zog daran, sie hielten die Kohle an ihren Enden und sahen sich tief in die Augen. Giorgio hatte für einen Augenblick das Gefühl über eine Brücke zu gehen, als Sandro das Kohlestück losließ.

„Gut, von mir aus. Heute bist du dran."

Giorgio stand regungslos da und konnte sich nicht bewegen.

„Willst du nicht anfangen?", ermahnte ihn Botticelli, der sich jetzt an dem Tisch mit zwei Zinnbechern und einer Karaffe Wein einrichtete. Giorgio sah Botticelli an und war erstaunt ob seiner außergewöhnlich klaren Augen. Dann blickte er zögerlich zu Simonetta hinauf, ging zur Wand und versuchte sich zu konzentrieren. Doch seine Hand war unruhig. Er hielt gesenkten Kopfes kurz inne, drehte sich abrupt weg von der Wand und reichte Botticelli das Stück Kohle zurück.

„Bitte, mach du … Sandro …!"

„Nichts lieber als das, alter Mann!"

Sandro nahm die Kohle und ging zu Simonettas unvollständigem Schatten.

Giorgio beobachtete gespannt, wie Botticelli seine Handfläche auf die Kirchenwand legte und kurz innehielt. Zwischen ihm und Botticelli lagen 500 Jahre Geschichte, dachte Giorgio. Für ihn war diese Kirchenwand 800, für Botticelli war sie 300 Jahre alt. „Wer ist in wessen Zeit gelandet!?", fragte sich Giorgio und wusste keine Antwort.

Botticelli lächelte Giorgio an, als hätte er die Frage gehört und begann mit der Virtuosität eines Malers, der nie etwas anderes getan hatte, als Linien in die Welt zu setzen, Simonettas Schatten an Hals und Gesicht zu vervollständigen. Beim Zusehen erkannte Giorgio die Bedeutung von Spontanität im Strich. Niemals zwischen Hals und Kinn langsam werden und sich in eine fast starre Unbeweglichkeit einbremsen, wenn es zu den Lippen kommt. Botticellis ganzer Körper schien in jeder Linie mitzuleben. Ein ungebremstes Streben nach Vollkommenheit, dachte Giorgio und wünschte, diesen Zustand einmal ohne zu hinterfragen, oder zugrunde zu denken, selbst zu erleben. Jede Erfahrung ist ein Zerstören dieser unverbrauchten Frische, so notwendig, um uneingeschränkt schöpfen zu können. Was für ein Urvertrauen, dachte Giorgio, als er Botticelli lächelnd auf sich zukommen sah.

Giorgio lächelte wehmütig und sah hinauf. Doch Simonetta war nicht mehr da.

Botticelli ließ sich auf den Stuhl fallen und nahm den Becher in die Hand. „Vino Cotto?"

„Gekochte Trauben? Ich hatte bis heute nur davon gehört!"

Botticelli lächelte und schenkte ein. Giorgio nahm einen Schluck und degustierte voller Neugierde. Der Geschmack dieses seltsamen Weines erwies sich als derb und bitter.

„Hm … eigenwillig!"

„Warum lieben die Menschen nicht mehr das Schöne, Giorgio?"

Diese Frage Botticellis war doch die Antwort auf Simonettas Eingangsfrage, die Giorgio beschlossen hatte für sich zu behalten. Diese beide hörten offensichtlich seine Gedanken, als wären sie ausgesprochene Worte. Giorgio sah den jungen Mann an. Wäre nicht jede

Kenntnis einer Antwort ein Hemmnis für den jungen Botticelli? Gleichsam eines Vaters dachte Giorgio nach, wie er bei der Wahrheit bleiben und gleichzeitig dieses kostbare jugendliche Feuer bewahren konnte. Er ahnte, wie schicksalsträchtig jedes Wort, wie zerstörend ein falscher Gedanke, auf das zarte Band zwischen Schöpfer und Schöpfung, wären. Giorgio erkannte auch, dass er mit all seinem Wissen eine Gefahr darstellte. Er gefährdete damit all das, wofür er Zeit seines Lebens gekämpft hatte.

„Gib mir bitte einen Moment, Sandro, ich muss nachdenken!"

„Du hast alle Zeit der Welt, Giorgio!"

Botticelli streckte seine Beine aus, stützte seinen Nacken mit den Händen und versank in den Sternenhimmel. „Schön wärs", dachte Giorgio und tat ihm gleich. Beide saßen jetzt mit ausgestreckten Beinen und hinter dem Kopf verschränkten Händen an dem kleinen Tisch und zählten Sterne. Eines war gewiss, das wusste Giorgio und dieser Gedanke gab ihm Mut. Die Sterne am nächtlichen Himmel über Florenz waren immer schon da. Heute wie vor 500 Jahren.

„Hast du noch Kohle, Sandro?"

Botticelli griff in die Tasche seiner Weste und zog ein Stück Kohle daraus. Giorgio nahm sie, stand auf und ging damit zur Kirchenwand. Dort skizzierte er einen Baum.

„Vielleicht können wir so beginnen! Der Stamm des Baumes ist unser Streben nach Vollkommenheit, der Pfeil, der uns die Richtung vorgibt. Die Äste sind die Wege, die wir beschritten haben ..."

Giorgio benannte Ast für Ast nach Malern, die etwas in der Entwicklung vorangetrieben hatten, das davor nicht da war. Er erzählte von Masaccio und Giotto, die Botticelli kannte, von Perspektiven und neuen Ansätzen und darüber, wie die Maler sich in ihrem Streben nach Vollkommenheit gegenseitig über die Jahrhunderte den Ball zuspielten.

„Wie bei Calcio?" fragte Botticelli erheitert nach.

„In etwa wie bei Calcio, Sandro! Ihr spielet einander so lange den Ball zu, bis einer von euch, und zwar immer der, der am besten schoss, oder am nächsten dem Tor stand, ein Tor schoss! So kann man die Geschichte der Malerei beschreiben. Über die Zeit hinweg habt ihr euch, immer mit dem gleichen Ziel, den Schritt zur Vollkommenheit fortzusetzen, gegenseitig den Ball zugeworfen. Ihr wurdet besser und besser, die Räumlichkeit, der Ausdruck, die Anatomie, die Farben … Wenn einer von euch etwas Besonderes erreichte, floss seine Fähigkeit in alle nachkommenden Maler. Du, Sandro Botticelli, warst und bist ein wahrer Torschützenkönig!"

Botticelli schwieg, sah verstohlen zum Fenster hinauf und beugte sich zu Giorgio. Sein Ausdruck bekam etwas entschlossen Ernstes.

„Wenn ich etwas schön finde und es gegen den Willen der Kirche male … ich meine, wenn ich etwas schön finde, was die Kirche nicht tut, ist es immer noch ein Streben nach Vollkommenheit? Schieße ich damit auch ein Tor?!"

Giorgio legte seine Hand auf Sandros Schulter und hielt sie mit kräftigem Nachdruck fest.

„Das tust du, mein Freund, und was für eines!"

„Erzähl weiter …!", bat dieser.

„Der Einfluss der Kirche beschäftigt dich, nicht wahr! Er widerstrebt dir, ich weiß … Jetzt höre mir gut zu! In den nächsten 200 Jahren wird sie allmählich die Macht über die Motive verlieren, merke dir das! Sie wird die Macht über die Motive verlieren, Botticelli! Die griechische Antike wird wieder inspirieren … Zuerst kommen die großen Götter wie Zeus, oder die Venus …"

Giorgio sah zum Fenster hinauf und lächelte.

„… später kommen die kleineren, die Hirtengötter zum Vorschein. Der Hedonismus mit seinem Lustprinzip wird sich langsam durchsetzen und durch die antike Skulptur den Weg zu einer von der Kirche losgelösten Malerei freischaufeln. Und stell dir vor, Sandro, plötzlich wird auch das Motiv des gewöhnlichen Menschen auftauchen und weder Adel noch Kirche werden jemals mehr darüber bestimmen …!"

„Sondern …", fragte Sandro.

„… der Maler selbst, Sandro! Und an diesem Punkt wird die Malerei beginnen, in sich zu gedeihen!"

„Wann wird das sein?!"

„In circa 170 Jahren in Holland."

„Wie heißt er, Giorgio?"

„Rembrandt!"

„Rembrandt! Was wird er malen? Was malt Rembrandt?" Botticellis Augen waren weit aufgerissen, seine Gesichtszüge angespannt, seine Mundwinkel zogen nach oben. Giorgio dachte an Rembrandts geschossene Tore und daran, dass der junge Mann neben ihm diese Tore bereits auflegte. Doch wie konnte er Botticelli spürbar machen, wie sich Rembrandts Art zu sehen von jener der Renaissance unterschied? „Weißt du, Sandro, wenn das Motiv frei wählbar wird, bekommt das ‚wie‘ eine andere Bedeutung.“

„Du meinst, nicht was, sondern wie man malt, wird wichtig?“

„Ganz genau! Stell dir vor, du hättest den Impuls, den verstörenden Umstand der Vergänglichkeit in ein gänzlich anderes Licht setzen zu wollen. Du würdest, vom Urvertrauen durchzogen, die Vergänglichkeit durch deinen Geist beleben und ihr dabei eine innere, an die Gesetzmäßigkeiten der Natur angepasste Schönheit einverleiben.“

Sandro Botticelli trank seinen Becher Vino Cotto leer und schenkte sich einen nächsten ein, während Giorgio seinen nächsten Satz begann.

„Bilder, Sandro, können eine Wirklichkeit zeigen, die mehr von der Wahrheit spüren lässt, als das Motiv selbst. So, als würde der Maler in einem stillen Moment erkennen, wie ein Parameter des Richtigen auszusehen hat. Ich rede von der Art des Blickes. Vom Geist geschaut oder vom Trieb beobachtet. Wie also beobachtete Rembrandt!“

Sandros Vorstellungen übermannten ihn und er wusste, dass ein besonderer Moment aus der Zukunft in sein Leben gekommen war und ihm kein Wort abhandenkommen durfte.

„WIE!! Wie beobachtete Rembrandt?

„Gnadenlos und doch mit aller Liebe", antwortete Giorgio behutsam.

„Gnadenlos?"

„Doch mit aller Liebe, Sandro!"

„Ein Beispiel bitte!"

„Du willst ein Beispiel? Bitteschön! Rembrandt schenkte seinem Modell die gleiche Aufmerksamkeit wie dem Licht selbst. Wie hat dieser Holländer seine alte Mutter beobachtet, als er sie in die funkelnden, warmen Kerzenlichttöne seiner tiefgründigen Nachtwelten einbettete! Gnadenlos! Und doch mit der ganzen Liebe eines Sohnes. Er hat jede Falte dieses vom Leben gezeichneten Menschen mit der Fähigkeit, weit mehr als nur Materie zu erblicken, durchwaltet. Er nahm eine kleine Perle als Ausgangspunkt seines Bildes, um dem Wesen seiner Mutter gerecht zu werden. Kein Heroisieren, kein Vergöttlichen, aber auch auf keinen Fall weniger, als sie war, kein Reduzieren auf die Biologie eines Körpers, sondern ein Erhöhen der Sehnsucht nach ihrer Ewigkeit. Und plötzlich wirkte der alte Mensch schön. Man erkannte, dass nur sein Alter vergänglich war und nicht sein Kern. Verstehst du das, Sandro? Es ist eine Verabredung zwischen dem, was man sieht, dem, was man weiß, dem, was man ahnt und dem, was man wünscht."

Giorgio machte eine Pause und sah, wie Botticelli darüber nachsann. Botticelli stand auf und ging zu Simonettas Schattenbild an der Kirchenwand und sagte: „Wie eine Verabredung zwischen dem, was man sieht, dem, was man weiß, dem, was man ahnt und dem, was man wünscht." Während er diesen Satz wiederholte, griff er in seine Tasche, holte eine ganze Menge Zeichenkohle daraus und begann voller Eifer zu skizzieren. Körper, Bäume und Kompositionslinien zogen sich wie von selbst und bauten Spannungen und Harmonien auf. Die Kohlestücke verrieben sich zu neuem Leben an der Kirchenwand, bis Botticellis Taschen leer wurden. Giorgio beobachtete den jungen Mann, der nicht mehr Licht brauchte, als der Vollmond zu geben bereit war, und erkannte pochenden Herzens das Entstehen jenes Werkes, welches sich hier gerade vor seinen Augen ankündigte. „La Primavera".

Botticelli stülpte nun seine Taschen um, klopfte die letzten Bröseln Kohle auf den Boden vor der Wand der Kirche, rieb sich die Hände und ging ein paar Schritte zurück. Er prüfte sein Tun, blickte zu Giorgio rüber und begann zu erklären.

„Das hier ist Zephir, der Gott des Westwindes, verfolgt von Flora, der römischen Göttin der Pflanzen. Alles, was sie berührt, wird zur Pflanze. Und hier, die Göttin des Frühlings ..." Und Botticelli erzählte voller Begeisterung, wie im Mittelpunkt die Göttin der Liebe, umringt von den drei Grazien, auf deren Antlitze Amor den Bogen spannte, den Betrachter einlud, ihr Reich zu betreten, während Merkur die Wolken beiseiteschob.

„La Primavera!"

Giorgio könnte gerade schreien, weinen, toben. Er könnte jubeln und alles in die Luft werfen, doch er blieb ganz ruhig.

„Das was ich sehe, Giorgio, das, was ich weiß und das, was ich liebe!"

„So ist es richtig, mein Junge!"

Giorgio wusste, dass Botticelli unbeirrbar und stets das wählend, was ihm Kraft gab, fest und sicher auf dem Höhepunkt seiner Malerei saß, während ihm Simonetta die Tür zur Vollkommenheit offen hielt. Eingebettet in die Liebe schien ihm Botticelli unverwundbar. Giorgio kehrte den Blick nach innen und sah auf die eigene Verletzlichkeit. Wehmütig dachte er über sich nach. Wessen Kind war er selbst? Er malte seit Jahren nicht mehr und führte einen Krieg gegen ein unpersonifiziertes Etwas, das ihm, sobald er glaubte zu begreifen, woher der Irrsinn seiner Zeit kam, immer einen Schritt voraus war. „Die Wahrheit ist hässlich und das Schöne eine Lüge" – schrie das Etwas unentwegt und aus allen Himmelsrichtungen, krönte sich selbst Tag für Tag aufs Neue mit dem Lächeln des Vergänglichen und nannte sich „Kunst".

„Was passierte nach dem Holländer Rembrandt, Giorgio? Wieso haben sie aufgehört, das Schöne zu lieben?!"

Giorgio hörte erneut seine Gedanken in der Frage Botticellis und wollte um sein Leben nicht darüber sprechen.

„Haben sie aufgehört, Tore zu schießen?"

„Sie haben, Sandro!"

„Warum?"

„Man hat das Tor entfernt!"

„Wie, man hat das Tor entfernt?!"

Giorgio schwieg und begann nach einer Weile widerwillig vom Untergang der Malerei zu sprechen:

„Das Tor, Sandro, das Tor, es ist das Ziel des Ballspiels. Ohne Tor verliert das Spiel seinen Sinn und Zweck. Das Tor ist gleichsam das immerwährende Streben nach dem Vollkommenen in der Malerei. Mit der Entfernung des Tores aus dem Spiel hat man sozusagen dem Schönen die Existenzberechtigung entzogen. Alles, was durch die Wissenschaft nicht erklärbar war, wurde in ein Abseits gestellt. Der wissenschaftliche Anspruch zog wie ein überdimensionaler Sensenmann durch die Malerei und beförderte das Schöne und das Streben nach dem Vollkommenen ins Jenseits der Illusionen. Eine sich ausbreitende Unvernunft stempelte das Schöne als Lüge ab. Der Mensch bastelte sich ein Schutzschild, nannte es ‚Kunst' und verteidigte damit die Entlarvung seines Verlustes. Kaum spürbar wanderte er von der Sehnsucht in die Resignation und wurde zum Mittäter einer Umwälzung, ohne bis heute durchschaut zu haben, dass dieses Vakuum seiner ‚Kunst' genannten Wirklichkeit mehr Lüge beinhaltet als die Illusion, vor der er flüchtete. Es kamen Menschen, die nicht einmal in der Lage waren, einen geraden Strich auf das Papier zu setzen, und nahmen sich einfach das Recht, an Stelle des Malers zu entscheiden, was Kunst sei und was nicht. Sie stellten sich selbst über die, von deiner Zeit aus, durch malerische Erfahrungen entstandenen Gedankenwelten. Der Hochmut siegte über die Demut und hinterließ ein torfreies Spielfeld. Und das ,Neue' als Selbstzweck übernahm die Bedeutung und wurde somit, gänzlich unabhängig seiner Eigenschaften, zum Richtigen."

Botticelli schwieg eindringlich und sein heller Blick trübte sich. Die Furche zwischen seinen Brauen wurde immer tiefer.

„Und die Spieler? Was taten sie dagegen?"

Giorgio befreite einen ausgedehnten Seufzer aus seiner Brust.

„Sie schossen keine Tore mehr."

„Warum?!"

„Weil kein Tor mehr da war. Es wurde unmöglich, ein Tor zu schießen, Sandro. Die Spieler standen auf dem Rasen und wussten nicht mehr, was sie tun sollten. Rundherum gab es Zuschauer und diese warteten. So begann einer der Spieler, auf einem Bein zu hüpfen, und zog damit die Aufmerksamkeit auf sich. Die Zuschauer begannen zu applaudieren. Die restlichen Spieler schüttelten den Kopf, verließen das Spielfeld, gingen in die Einsamkeit und überließen anderen den Rasen. Der „Einfuß-Springer" beglückte das Publikum, denn es stellte fest, es war selbst in der Lage, auf einem Bein zu hüpfen. Die Zuschauer stürzten jetzt auf den Rasen und begannen auf einen, auf vier, auf den Kopf, Hauptsache zu hüpfen. Am Rasen war Kreativität gefragt. Der Kreative war jetzt der Künstler. Und keiner sprach mehr vom mühsamen Ballspiel und Tore, die nur die wenigsten zu schießen vermochten. Nein, die Zuschauer auf dem Rasen begannen jetzt Löcher zu graben, sie rutschten auf dem Boden, sie gossen Blut auf einander, sie paarten sich und taten mittlerweile so ziemlich alles, was Mensch zu tun imstande war, und alles das war ganz und gar in Ordnung, solange man kein Tor mehr schießen musste.

Es tummeln sich gegenwärtige abertausende kreative Spieler, die so tun, als wären sie Torschützenkönige, ohne zu wissen, was ein Tor ist. Woher auch, sie können nicht vermissen, was sie nicht mehr kennen. So, Sandro, hat das Spiel seinen Zweck verloren. Sie haben das Tor vergessen. Und sobald sie etwas daran erinnert, breitet sich Verwirrung aus. Denn sie wissen unbewusst, dass sie eigentlich nichts am Spielfeld zu suchen haben."

Botticelli sah zu „La Primavera", wo mittendrin Simonettas Schatten ihm zulächelte, und trank einen Schluck Vino Cotto.

„Auch das wird vergehen, Giorgio!"

Giorgio seufzte. „Ich würde es so gerne erleben! Ich habe eine schmerzhafte, brennende Sehnsucht nach dem Tor, Botticelli! Ich würde so gerne wieder eins aufstellen und die wahren Spieler zurück aufs Spielfeld holen, mit ihnen um den Ball kämpfen und dem einen oder dem anderen den Ball zuspielen."

Botticelli legte seine Hand liebevoll auf Giorgios Schulter. „Es ist Zeit, die Morgendämmerung kündigt sich an. Wir sehen uns, alter Freund."

Botticelli stand auf, nahm die Flasche und die zwei Becher und ging ins Haus. Giorgio ging zur Kirchenwand. Er sah sich die Zeichnung Botticellis an und erkannte, dass hier der Welt etwas offenbart wurde, was in keinem Kunstbuch, in keiner Sammlung und in keinem Museum dieser Welt zu finden war. Das fehlende Werk.

Die Vorskizze zu Botticellis berühmtestem Werk.

Giorgio versuchte, sich mit seiner ganzen Konzentration Botticellis Skizze einzuprägen. Simonettas Schatten wirkte darin wie ein Herz, das alles um sich ernährte.

Seine Adern und Venen zogen sich pumpend und pochend über die Wandskizze hinaus durch die Gassen von Florenz und gaben dem kommenden Tag einen tieferen Sinn. „Das Tor aufstellen!"

Giorgio schlenderte die Florentiner Gassen entlang, blieb immer wieder stehen, ging die Wandzeichnung Botticellis durch und versuchte somit seinen Traum festzuhalten.

Florenz gibt zum Glück dem Vergessen keine Chance. „Die Wiege der Schönheit" hält stand. Wie eine Festung bewahrt sie die Sehnsucht zum Vollkommenen.

Giorgio streichelte die Wände der Gassen, als wären sie die Innenseite eines Herzens.

XI ~ Die fehlenden Zeichnungen

Es ist ein großer Unterschied, ob ich etwas weiß,
oder ob ich es liebe; ob ich es verstehe,
oder ob ich nach ihm strebe.

Francesco Petrarca, 1304–1374

„Kann man von einem Traum einen Kater bekommen, Genoveva?"

„Hängt wohl davon ab, wieviel Promille der Traum hatte, Giorgio."

„Ich fürchte, diese Zahl existiert gar nicht, meine Liebe!"

„Sie machen mich neugierig!"

Giorgio lehnte erschöpft an seinem Fenster, während Genoveva mit dem Rücken zu ihm ihren Liegestuhl aufklappte, sich genussvoll darin niederließ und die frühnachmittägliche Sonne einlud, auf ihrer Haut Platz zu nehmen.

„Kennen Sie den Zustand, aufzuwachen und nicht zu wissen, ob Sie etwas geträumt oder tatsächlich erlebt haben, Genoveva?"

„Ja, manchmal, eher selten und nur für kurze Augenblicke, Giorgio. "

„Ich verweile schon seit fünf Stunden in dieser Unge-
wissheit."

„Dann war es kein Traum!"

„Wie kommen Sie darauf?!"

Genoveva setze die Sonnenbrille ab und sah Giorgio
voller Neugierde an.

„Was haben Sie heute Nacht getrieben?! Erzählen Sie
es mir!"

„Ja, genau darauf wollte ich hinaus, wenn ich ehrlich
sein soll, doch natürlich nur, insofern Sie Interesse daran
haben?"

„Mehr als bloß Interesse, Giorgio, ich bin richtig neugierig! Warten Sie nur einen Augenblick, ich hol mir etwas zum Trinken!"

Genoveva stand auf und verschwand im Haus. Giorgio dachte nach, wie er beginnen sollte. Plötzlich klopfte
es an seiner Tür. Er erschrak und erinnerte sich an seinen anderen Traum, in dem er verhaftet wurde. „Was
habe ich schon zu verlieren …", dachte er, ging zur Tür
und öffnete sie. Genoveva stand mit zwei Gläsern und
einer Flasche Wein davor.

„Sie wollen doch nicht Ihren vermeintlichen Traum
über die Gasse rufen!"

„Sie haben so Recht, Genoveva …!"

Danach, dachte Giorgio, konnte er getrost sterben. Genoveva hatte sich ein leichtes Sommerkleid über den Bikini geworfen. Ihr Gesicht glänzte vom Sonnenöl. Die alten Holzjalousien ließen die Sonne in Streifen durch das Zimmer wandern.

Genoveva stand in der Mitte des Raumes und blickte um sich, während Giorgio ihre blau, mit kleinen weißen Wellen lackierten Nägel an den Füßen bemerkte. Genoveva registrierte die rege Aufmerksamkeit, mit der Giorgio das Pediküre-Werk betrachtete.

„Soll ich die Sandalen ausziehen?"

„Bloß nicht, ich bewundere nur Ihren Sinn für Blautöne." Giorgio nahm ihr die Flasche und die Gläser ab, während Genoveva zu seinem Schreibtisch ging und sich den Schachteln und Skizzen widmete. Dann ging sie zum Fenster und sah auf ihren Balkon. Sie sehen sich nicht, aber ich sehe Sie …! Sie zitierte innerlich aus ihrer ersten Begegnung mit Giorgio und dachte daran, dass sie nur ein paar Tage zurück lag. Es fühlte sich aber an, als läge die Ewigkeit zwischen diesem Fenster und dem Balkon gegenüber.

Giorgio beobachtete sie still und sah buchstäblich, wie sie mit ihrem Wesen den Raum erfüllte. Ihr perlenartiges Haar, welches gleichsam antik, doch durch seine Locken barock und verspielt zugleich war, ließ ihn erneut an Sappho denken. Genoveva setzte sich halb stehend ans Fensterbrett und blickte in den Raum. Das Sonnenlicht streifte ihr über das Gesicht und ließ ihre blauen Augen aufleuchten.

„Ich glaube, Sie entstammen einem Märchen, das ich noch nicht kenne. Verraten Sie mir zumindest seinen Namen?"

Giorgio reichte ihr ein Glas Wein.

„Ich glaube, Sie leben in einem Märchen, dass ich noch nicht kenne und weswegen ich gerade hier bin. Also, erzählen Sie, Giorgio! Erzählen Sie von dem Traum, aus dem Sie nicht herauskommen können ... oder wollen! Ich höre Ihnen zu!"

Giorgio vernahm eine Woge von dankbarer Zuneigung, denn er spürte mit reger Gewissheit, sie würde ihn niemals belächeln oder gar für verrückt halten, ganz gleich, ob er von einem Traum, oder einer Wirklichkeit, oder von etwas dazwischen erzählen würde.

„Kommen Sie, ich möchte Ihnen noch etwas zeigen!" Giorgio öffnete eine Doppelflügeltür zu einem fast festlich anmutenden Raum.

Genoveva musste Luft holen, als sie hineintrat. Fünf Fensterreihen verteilten ihr Licht auf unzählige Zeichnungen, die teils auf der Wand, teils auf Tischen verstreut waren und Zeugnis von einem geheim wirkenden, doch unheimlichen Expansionsdrang gaben.

Giorgio beobachtete, wie die Blicke der Frau über seine Zeichnungen wanderten, und empfand ungebremste Freude bei jeder Regung des Staunens oder der Begeisterung, die aus ihrem ganzen Körper strömte.

„Was sind das für Zeichnungen, Giorgio?"

„Jene, die fehlen!"

„Fehlen … !?"

„Mir fehlen. Ich messe der Zeichnung mehr Bedeutung bei als der Malerei, die daraus resultiert. Die Skizze sitzt näher an der Ursprungsidee, am Schöpfungsakt selbst, als das daraus resultierende Gemälde, verstehen Sie?"

„Nicht ganz, Giorgio!"

„Glauben Sie an die Existenz des Zufalls, Genoveva?"

„… und Sie, Giorgio?"

„Ich glaube höchstens an die Unfähigkeit, das Schicksal darin zu entdecken. Die Zeichnung lebt das vor. Jede Linie einer Zeichnung wirkt zu Beginn zufällig. Die besten

Zeichner ließen diesen vermeintlichen Zufall immer zu, doch nicht, um ihn für sich allein zu genießen, sondern vielmehr, um seine Bestimmung im Bild zu entdecken …"

Genoveva spazierte zwischen den Zeichnungen und versuchte, darin zu lesen. Sie deutete auf eine davon.

„Diese Hand hier, Giorgio … warum hat Ihnen diese Zeichnung gefehlt? Was ist das Besondere darin?"

Giorgio nahm die Zeichnung und betrachtete die Hand darauf.

„Diese Hand findet sich als erste in Bronzinos ‚Allegorie der Liebe'. Bronzino hat diese Hand zum ersten Mal gemalt. Amor umfasst damit die Brust der Venus. Die mittleren Finger sind aneinander gelegt, die äußeren leicht gespreizt und gebeugt … das ist die ideale Haltung einer Hand. Diese Hand wandert durch die Bilder von großen Malern, wie Anthonis van Dyck, oder El Greco. All den Gemälden gingen Zeichnungen voraus, die verloren gegangen sind, die nicht mehr existieren."

„Und diese hier? Warum sind diese dann da, wenn sie nicht mehr existieren?"

„Das hier sind meine Zeichnungen, meine Ideen von den verloren gegangenen Originalen. Ich habe versucht, zu ersetzen, was fehlt … was mir fehlt, Genoveva!"

„Ihre Zeichnungen von den Zeichnungen, die der Kunstgeschichte abhandengekommen sind!" Genoveva blickte offenen Herzens um sich.

„… nicht der Kunst-, der Malereigeschichte, Genoveva!" Doch diese scheinbar kleine Korrektur ging an Genovevas Geist vorbei. Sie nahm seine Hände in die ihren.

„Zeigen Sie es der Welt!"

„Die Welt liebt das Schöne nicht mehr, Genoveva!"

„Ich tu es!"

„Sind Sie real, Genoveva?!"

„Erzählen Sie mir Ihren Traum, dann wissen wir es, Giorgio!" Giorgio deutete auf eine Récamiere.

„… wollen Sie nicht Platz nehmen?"

„Stört es, wenn ich die Beine nach oben gebe?"

„Das müssen Sie sogar, das sind wir Madame Juliette schuldig!" „Madame Juliette?"

„Madame Juliette Récamiere, nach der das Möbelstück, auf dem Sie gerade sitzen, benannt wurde. Einst die schönste Frau von Paris. David hat sie mit nackten Füssen, ohne Nagellack, auf der Récamiere gemalt. Sie hatte ähnliche Locken wie Sie, bloß in Braun."

Giorgio setzte sich in einen Fauteuil zu Genovevas Füßen.

„Erinnern Sie sich an die Zeichnung an der Kirchenwand?"

„Das tue ich, Giorgio!"

„Das ist Simonetta Vespucci!"

„Haben Sie sie gemacht, Giorgio? Waren Sie das?"

„… ja, das war ich!"

„Das dachte ich mir! Haben Sie die Zeichnung gestern Nacht mit meinem Gesicht vollendet, Sie schlimmer Mensch?"

„Sie wurde vollendet, ja, doch nicht von mir!"

„Von wem dann, Giorgio?"

„Von Botticelli selbst!"

„Von Botticelli selbst?!"

„Simonetta stand oben am Fenster und posierte für Sandro. Sie wollte, dass ich die Zeichnung vollende, doch ich hatte die Kohle vergessen. Sandro kam zu mir runter und brachte zu Ende, was ich begonnen hatte!"

Genoveva und Giorgio schwiegen. Er senkte seinen Kopf und kam sich selbst albern vor.

Genoveva sah ihn fragend an.

„Und weiter, Giorgio?"

„Ich erzählte ihm, was alles in den letzten 500 Jahren mit der Malerei geschah. Mitten drin ging er zur Wand und … warten Sie einen Moment …!"

Giorgio stand abrupt auf und begann wortlos in den Skizzen zu kramen. Er wirkte sehr aufgeregt, seine Hände verrieten Ungeduld. Dann fand er sie endlich. Seine eigenen Skizzen zu „La Primavera".

„Da sind sie, ich habe sie!"

„Was ist das, Giorgio, was haben Sie?!"

„Die Skizzen zu ‚La Primavera'. Meine Ideen davon. Ich habe sie vor über fünfzig Jahren gemacht. Einige meiner Ersten. Ich hatte sie ganz und gar vergessen …"

„Was hat es damit auf sich, Giorgio?!"

Giorgio ließ sich auf seinen Stuhl fallen, stets die Zeichnungen in der Hand haltend, und versenkte sich in jedem ihrer Striche.

Er versuchte, darin zu lesen. Er erinnerte sich jetzt an den ersten Strich, dann an den zweiten und den dritten … er wusste jetzt, wie er damals als junger Mann, in etwa so alt wie Sandro gestern, die Inspiration anflehte, ihn für nur ein paar Augenblicke lang Botticelli sein zu lassen. „Und wenn es kein Traum war?! Ich muss sehen, ob sie vielleicht doch existieren …"

„Ob was existiert, Giorgio?!"

„Botticellis Zeichnungen an der Kirchenwand!"

„Welche Zeichnungen?!"

„Von ‚La Primavera'! Genoveva! Botticelli hat gestern Nacht vor meinen Augen den Frühling geboren!"

Giorgio wartete keine weitere Sekunde und stürmte aus seiner Wohnung. Genoveva saß inmitten von Zeichnungen, die gar nicht existierten, doch da waren und verstand nichts mehr. Sie stand besorgt auf und ging ihm mechanisch nach. Sie wusste nicht, ob der alte Mann verrückt geworden war, ob er doch nur geträumt oder einfach zu tief ins Glas geschaut hatte … sie wusste gar nichts. Doch eines spürte sie dennoch. Was auch immer er träumte, halluzinierte, oder sich einbildete … es war ihm wichtig, sehr wichtig, und sie musste ihn vor sich selbst beschützen. Also lief sie Giorgio hinterher.

XII ~ Ein Schild im Stein

Wenn der Maler Schönheiten sehen will,
die imstande sind, ihn verliebt zu machen,
ist er fähig, solche zu schaffen …
Und wenn er Landschaften und Wüsteneien,
schattige oder dunkle Orte bei der Hitze
schaffen will, dann stellt er sie dar und ebenso
warme Orte in kalter Jahreszeit.
Wenn er Täler will, wenn er will, dass sich
von den Gipfeln der hohen Berge aus das
weite Land hinstreckt und wenn er
dahinter das Meer am Horizont sehen will,
dann liegt all das in seiner Macht.
Und ebenso, wenn er von den tiefen Tälern aus
die hohen Berge und von den hohen Bergen aus
die tiefen Täler und Strände sehen will.
Alles, was als Wesen, als Dasein oder als
Vorstellung im Weltall da ist, hat er zuerst
in seinem Kopf und dann in seinen Händen …

Leonardo da Vinci

118

So in etwa vierzig Zentimeter von der Wand der Kirche entfernt, ragte eine in den Steinboden gebohrte Metallstange bis auf Kopfhöhe empor, an der ein durch Metallscharniere befestigtes Schild vom Verbot des Zeichnen und Malens auf florentinischen Mauern sprach. Ein rotes, nach Plastik riechendes, geometrisches Gemetzel auf weißem Grund stand zwischen Kirchenwand und dem Rest der Welt. Die Wand war penibel und fein gesäubert. Keine Linie, keine Schraffur, nicht einmal Simonettas Schatten gaben Zeugnis von einer da gewesenen Regung malerischer Fantasie. Die Nässe der Wand bezeugte die Absicht einer Reinigung, doch sie verriet nicht ihren Grund. Einzig das Verbotsschild tat das.

Giorgio stand sprachlos davor. Er konnte nicht glauben, dass diese seine Gegenwart es tatsächlich zustande brachte, die Entwurfsskizzen für eines der wichtigsten Bilder in der Kunstgeschichte für Vandalismus zu halten. In Giorgio zog ein heißer Zorn hoch, den er bändigen musste. Er wollte seine Umgebung nicht mit seinem Schmerz konfrontieren. Genoveva kam nach Luft schnappend dazu, blieb einen guten Meter hinter Giorgio stehen, sah auf die nasse Wand mit dem Schild davor und versuchte zu verstehen, was vorgefallen war. Das Schild und die nasse Wand bestätigten ihre aufkommende Befürchtung, dass Giorgios Traum kein solcher war. Sie erinnerte sich an Simonettas Schatten an der Wand und angesichts der großen Fläche der Reinigung vermutete sie, dass Giorgio in der letzten Nacht seine Idee zu „La Primavera" an der Wand verwirklicht hatte. Genoveva empfand tiefe Betroffenheit und Mitgefühl für den alten Mann und ahnte, dass er in einem Zustand zwischen Traum und Realität gefangen war. Er bildete sich Dinge ein und erlebte seine Wünsche, als seien sie real. Er sprach von Botticelli und Simonetta und lebte sich in die Vorstellung ein, bei dem Entstehen einer verloren gegangenen Skizze dabei gewesen zu sein.

Genoveva griff vorsichtig nach Giorgios Hand und versuchte, ihn zu beruhigen.

„Kommen Sie, lassen Sie uns hinsetzen und einen Schluck Wasser trinken, Giorgio!"

„Es war da, Genoveva, hier vor mir, ich weiß es!"

„Kommen Sie, setzen wir uns eine Weile!" Sie zog ihn vorsichtig zu seinem Tisch.

„Setzen Sie sich heute mal mit dem Rücken zur Wand, Giorgio!"

„Das kann ich nicht!"

Wie ein kleines, zorniges Kind griff Giorgio nach seinem Sessel, setze sich auf gewohnte Weise mit dem Gesicht zur Wand nieder und starrte auf das Verbotsschild.

Immer wieder, dachte er, hatte er fiktive Gespräche mit toten Menschen geführt, vorzugsweise mit Michelangelo oder Leonardo, manchmal auch mit Petrarca oder Fra Angelico. Es waren Tagträume eines Weltflüchtlings, dessen Anschauungen in der Gegenwart wenig Gehör fanden. Und jetzt, angesichts der leeren Wand, war Giorgio seiner selbst nicht mehr sicher.

Einzig das Schild, dieses grausame Symbol, ermahnte ihn, dass die letzte Nacht kein Tagtraum, sondern eine Nachtwache war.

Antonio stand etwas abseits, beobachtete Giorgio und Genoveva und ahnte, dass der heutige Tag kein so guter war.

„Als ich um zehn Uhr kam, war die Wand sauber und das Schild aufgestellt. Es ist immerhin eine Kirche, das kann man schon verstehen, aber gleich ein Schild! Ich werde mich erkundigen, welches Amt dafür zuständig ist … es kann ja nicht sein, dass sie dieses hässliche Schild genau vor unserer Schattenwand aufstellen, Giorgio. Schatten überlassen immerhin keine Spuren!"

Giorgio schwieg. Antonio brachte zwei Gläser Port und griff Giorgio an die Schulter.

„Ich weiß, dass Ihnen die Wandzeichnung des verrückten Unbekannten fehlen wird, sie erinnerte an Ihre werte Begleitung … ich mochte sie auch, doch ich muss sagen, das hätte ich unseren Ämtern nicht zugetraut! Wegen einer Zeichnung gleich die ganze Wand abzuwaschen! Hut ab!"

Hut ab, wiederholte Giorgio im Geiste und seine Einsamkeit überwucherte den gesamten Raum seiner Existenz.

So blickten alle drei auf die nasse Wand, auf der sich plötzlich die Schatten bemerkbar machten. Die Laterne der Panetteria kündigte den Abend an. Die Schatten kamen und gingen, doch nichts war mehr wie zuvor. Giorgio sah die Ankündigung verschiedener Motive aus der Malerei, doch vor jeder solchen stand fest und unbeirrbar der Schatten des Verbotes. Die Schatten kamen und gingen, doch dieser eine Schatten blieb konstant und bewegte sich nicht von seinem Platz.

Die Stunden vergingen, wie nicht festgehaltene Schatten, doch in dem unbewegten Schatten des Verbotsbildes war die Zeit stehen geblieben. Giorgio starrte unentwegt auf das Schild und sammelte in seinem Inneren seinen ganzen Zorn, den Zorn, der sich Jahrzehnte lang dort angelagert hatte. Genoveva nahm ihren Sessel, drehte ihn um und setzte sich neben Giorgio. Sie wollte sehen, was er sah. Erst jetzt begann sie zu fühlen, was in Giorgio vorzugehen drohte. Sie spürte eine sich anbahnende Katastrophe und wusste nichts dagegen zu tun.

Ich bin auch ein Schild, dachte sie. Ich werde ihn vor der Welt beschützen. Ich werde mich vor ihn stellen und „Halt!" rufen, „Hände weg von ihm … lasst ihn sein! Lasst ihn einfach sein!"

Die Nacht war jung. Der Mond verteilte sein Licht durch die Gassenöffnung. Ein Karren, von einem Mann gezogen, fuhr als Schatten vorbei.

„Was denken Sie, Genoveva, meinte Leonardo, als er schreibt: Binde deinen Karren an einen Stern?"

„Dass der Stern kein Schild war, Giorgio!"

Giorgio stand auf, ging zum Schild, nahm seine Enden in beide Hände und begann langsam daran zu drehen. Genoveva blickte sich um und ging reflexartig zu ihm. Sie stellte sich Rücken an Rücken zu ihm und lauschte mit tausend Augen und Ohren in die Nacht.

Giorgio bog das Schild hin und her und vergrößerte mit jeden Mal den Radius seiner Beweglichkeit. Die Metallstange begann sich langsam aus dem Boden zu lösen, während Giorgio sie in einer Drehbewegung nach oben schob.

Schließlich gab das Schild zur Gänze nach. „Malen und Zeichnen auf florentinischen Wänden verboten" lag herausgerissen am Boden. Giorgio nahm wortlos das Schild mit der Stange, hievte es sich auf die Schulter und ging los.

„Wohin gehen Sie, Giorgio?"

„Zur Müllhalde."

Genoveva ging ihm nach. Im Licht der Nacht sah sie zu, wie er sein Kreuz trug. Da geht er, dachte sie, mit dem Kreuz der verbotenen Malerei am Rücken.

Giorgios Herz pochte. Er spürte seine Schläge bis zum Hals, als würde ihn sein eigener Geist verprügeln. Die Stange schmerzte seinen Nacken. Seine Oberschenkel brannten. Genoveva sagte etwas, das er nicht mehr verstand, es war ihm, als würde er durch einen Tunnel gehen, der ihn von der Außenwelt trennte. Giorgio trug das Schild nicht nur durch die Florentinischen Gassen, er trug es durch die Geschichte. Weit weg von der Renaissance und noch weiter weg von der Zukunft, wollte er es in ein Niemandsland bringen und dort vergraben. Keiner sollte es jemals sehen, kein Michelangelo oder Leonardo, kein Holbein und auch kein William Turner, kein Ingres, kein Goya und vor allem keiner derer, die da noch kommen sollten.

„Mal mir den Jesus ... mal mir eine Madonna, male nicht das, und male nicht jenes, mal mir Zeus und mal mir mich und nochmals mich, mal mir bunter, mal so, dass ich nicht versteh, was ich sehe und mein Geist nach Sinn suchen darf … mal ohne Pinsel, überrasche mich, erschreck mich, spring gegen die Wand, stecke deinen Kopf in einen Topf Farbe, schwimm in Tierblut, aber male nicht, vor allem nichts Schönes, das beleidigt meinen Intellekt! Das ist die wahre Kunstgeschichte!"

Giorgio spürte Genovevas Silhouette, als würde sie vor ihm laufen und mit den Händen winken, doch wie sie kam, verschwand sie wieder. Sein Körper wurde leichter, seine Schritte nicht mehr spürbar. So ging er weiter und fand sich in seiner Kindheit und sah sich beim Zeichnen zu und spürte wieder diese ersten Momente, in denen man erkannte, wie man an der Schöpfung teilnahm. Wie man aus sich heraus immer mehr entwickelte, als man kurz davor imstande war. Er sah seine Mutter und wie sie ihn lobte und überall „kleines Genie" nannte, er sah seine Lehrerin und wie sie ihm immer schlechte Noten in Zeichnen gab, weil er es nie schaffte, rechtzeitig fertig zu werden. Er sah, wie er das erste Mal Ölfarbe aus einer Tube auf eine Palette drückte und erinnerte sich an den Geruch und dieses Gefühl eines neuen, unendlichen Horizonts. Und er erinnerte sich, wie er drei Tage benötigte, um den ersten Pinselstrich auf ein Leinen zu setzten, so tief saß sein Respekt vor denen, die vor ihm da waren. Und letztendlich sah er, wie er die Liebe kennenlernte und die Schönheit der Frauen versucht hatte festzuhalten, deren Vergänglichkeit ihn schmerzte. Er sah, wie keine Galerie und Kunstmesse bereit waren, so etwas auszustellen, gleichsam als würde dem Schönen eine Krankheit anhaften. Er sah sich lesend durch tausende Bücher, verstehen wollend die absurden Eigenschaften der Menschen und er spürte, wie er müde wurde und bereit war zu gehen.

Und dann sah er sich regungslos, am Boden liegend, zwei Meter von der Müllhalde entfernt. Genoveva über ihm kauernd, er sah ihr zu, wie sie ihn an den Schultern schüttelte und er sah das Schild, gleichsam einen Uhrzeiger, der auf kurz vor zwölf zeigte, neben ihnen liegen. Dann spürte er Wärme und Feuchtigkeit im Gesicht und er spürte eine eigentümliche Nähe. Er sah den Mond durch silberne Haare blitzen und vernahm eine Stimme, die immer näher kam.

„Giorgio ... hören Sie mich? Giorgio!"

Er füllte Genovevas Hände an seinen Schläfen und sah ihr Gesicht unscharf ein paar Zentimeter über dem seinen.

„Ich werde einen Arzt rufen … und bei Ihnen bleiben …
hören Sie mich?"

Giorgio versuchte sich aufzusetzen und saß auf seine
Händen gestützt.

„Ich schaffe das allein, keinen Arzt!"

Genoveva brachte ihn behutsam nach Hause und wich
nicht von seiner Seite, bis er fast einschlief.

„Wenn Sie etwas brauchen, ich schlafe heute im Nebenzimmer, bei Madame Récamiere."

Sie ging leise ins Nebenzimmer, setze sich auf die
Récamiere und sah sich um. Sie saß ganz ruhig, fast
atemlos. Nur ihr Blick wanderte über die Zeichnungen.
Es war ihr, als würden sich die Linien darauf lösen. Sie
sah Giorgio an der Kirchenwand. Sie sah ihn darauf
skizzieren und mit sich selbst sprechen … Genovevas
Augen schlossen sich und sie kippte seitwärts in den
Schlaf.

XIII ~ Der letzte Strich

„Es sandte mir das Schicksal tiefen Schlaf.
Ich bin nicht tot, ich tauschte nur die Räume.
Ich leb in euch, ich geh in eure Träume,
da uns, die wir vereint, Verwandlung traf.
Ihr glaubt mich tot, doch dass die Welt ich tröste,
leb ich mit tausend Seelen dort,
an diesem wunderbaren Ort,
im Herzen der Lieben. Nein, ich ging nicht fort,
Unsterblichkeit vom Tode mich erlöste."

Michelangelo

Giorgio wachte in seinem Bett auf. Es war mitten in der Nacht. Eine Stille machte sich breit gleichsam eines Vakuums, die mit innigster Geduld darauf wartete, gefüllt zu werden. Giorgio war im Reinen mit seiner Gegenwart, so als würde sie ihm nichts mehr anhaben können.

Bilder seiner Kindheit schoben sich vor seinen Geist. Er sah den kleinen Giorgio, der seine ersten Zeichnungen anfertigte, und wurde wieder eins mit ihm. Der innwendige Kampf war ausgekämpft und eine unbewegte Ruhe breitete sich langsam durch seine Adern.

Verschwunden waren auch Groll und Schmerz, diese zwei kaum fassbaren Vagabunden, die Zeit seines Lebens an seinen Nervensträngen gezogen hatten. In Mitten dieser Ruhe der Nacht erkannte Giorgio, dass die Zeit gekommen war, einfach nur zu schöpfen. Er setzte sich auf und sah um sich. Er sah die seit Jahrzehnten unbenützten Pinsel und wie sie vor sich hin staubten. Das war das Zimmer eines Malers, der schon lange nicht mehr hier wohnte, dachte er.

Giorgio stand leise auf, ging ins Wohnzimmer, öffnete die oberste Schreibtischlade und zog aus einem Stapel handgeschöpftem Papier ein einzelnes Blatt heraus. Er prüfte es sorgfältig, denn es musste unbedingt seinem Ansinnen gerecht werden, nämlich glatt genug zu sein, um nicht zu viel Kohle zu verbrauchen. Danach nahm er eine seitlich am Schreibtisch lehnende Holztafel hoch und prüfte auch diese penibel nach Kanten und Kerben, welche die Zeichnung verderben konnten. Nun spannte er das Papier darauf, strich zart mit seiner rechten Hand darüber und hielt kurz Inne, um die Stofflichkeit des Papiers zu fühlen. Giorgio nahm sich viel Zeit dafür. Er musste jede Sekunde, jede Bewegung, jede Wahrnehmung auskosten. Er ließ seine Augen langsam durch

das Zimmer wandern, bis sein Blick an einem Kerzenständer haften blieb, den er auf Zehenspitzen zu sich
am Schreibtisch holte. In der rechten kleinen Schublade
seines Schreibtisches fand er Streichhölzer. Er zündete die Kerze an, nahm den Kerzenständer in die Hand
und schlich leise ins Nebenzimmer, wo Genoveva auf
der Récamiere schlief. Mit seiner linken Hand schütze er
Genovevas Gesicht vor dem Kerzenlicht und platzierte
die Kerze oberhalb ihres Kopfes, sodass kein Licht auf
die schlafenden Augen fiel. Er richtete sich auf und betrachtete das Sujet. Dann ging er zurück in sein Wohnzimmer, holte die Zeichentafel und griff endlich nach
Simonettas und Laura de Noves' Kohlestücke, welche
ein für alle Mal an dem Punkt ihrer Bestimmung angekommen waren.

Eine Muse stirbt nie! Giorgio dachte an Simonettas
Worte am Fenster, während er mit der Kohle der Musen in der Hand auf das schlafende Antlitz seiner Muse
blickte.

Er setzte sich mit verschränkten Beinen und Zeichen-
brett im Schoß auf ein Polster und studierte kontempla-
tiv sein „Tor zur Schöpfung". Er zog hunderte Linien im
Geiste und wartete dennoch, denn etwas fehlte ihm, es

war noch nicht so weit. Die Zeit verstrich, doch Giorgio geduldete sich, gebettet in der Gewissheit der ihn umgebenden Unendlichkeit.

Genoveva bewegte sich im Schlaf und drehte ihren liegenden Körper von der Seite auf den Rücken. Sie gab ihr Profil und mit ihm ihren langen eleganten Hals plus einer zur Hälfte entblößten Brust preis.

„Jetzt!" Sie übertraf Giorgios Vorstellungen und genau jetzt begann seine Hand wie von alleine auf dem Papier zu wandern. Alles, was Giorgio jemals liebte, war in diesen Moment gegossen, den Moment reinster Fülle. Und Giorgio hielt diesen Moment in Kohle auf Papier fest und schenkte ihn sich selbst. Er machte sich selbst ein Geschenk und die Schöpfung schien nichts dagegen zu haben. Im Gegenteil, sie begleitete ihn in dem Licht des Vollmondes.

Als Simonettas und Lauras Kohle vollendet zu Genovevas Antlitz verschmolzen waren, verharrte Giorgio noch eine ganze Stunde in derselben Position und konnte seinen Blick nicht von Genovevas schlafender Präsenz wenden. Er konnte sich schier nicht an ihr sattsehen.

Als der Mond den Raum verließ, stand er leise auf, löschte die Kerze, wartete noch einen Augenblick und ging aus dem Zimmer. Er entnahm dem Schreibtisch im Wohnzimmer noch zwei Blatt Papier, legte die Zeichnung dazwischen und verließ schweigsam und leise die Wohnung.

Unten angekommen ging er mit der Zeichnung in seiner linken und dem weißen Windhund, der bereits auf ihn wartete, an seiner rechten Seite die im Vollmond eingebettete Gasse entlang, bis er verschwand.

XIV ~ Giorgio

Lerne zu vergessen, was nutzlos ist, und
erinnere dich mit Liebe an alles Schöne.

Francesco Petrarca, 1304–1374

Langsam verdrängten die frischen Lebensgeister den
Schlaf, als Genoveva die Augen öffnete und auf die hohe
Decke des fremden Raumes blickte. Eingangs wusste
sie nicht, wo sie war, und erinnerte sich an den Traum
Giorgios und an den seltsamen Zustand, nicht zu wissen, ob man noch immer träumt oder schon wach ist.
Dann fiel es ihr wieder ein und sie wusste, wo sie sich
befand. In schnellen Assoziationsbildern durchwander-
te sie die Ereignisse der letzten Nacht und ihre Sorge um
Giorgio wachte schlagartig mit ihr auf. Sie setze sich auf
und fand sich in einem völlig leeren Raum wieder. Ihr
umherwandernder Blick entdeckte nichts als Leere.

„Giorgio? Wo sind die Zeichnungen?! Giorgio?"

Genovevas Stimme hallte durch den leeren Raum. Sie
stand vorsichtig auf, drehte sich nach allen Seiten und
spürte, wie ihr Verstand aussetzte. Die Récamiere, worauf sie gelegen war, war der einzige Gegenstand in dem

weiten und von allen Lebensgeistern verlassenen Raum, dessen Wände kahl und vom Staub bedeckt sich darüber ausschwiegen, jemals Träger von Zeichnungen gewesen zu sein. Die Fenster hatten über Nacht den Staub von ganz Florenz angesammelt.

Genoveva rief leise nach Giorgio und bekam keine Antwort, dafür aber das unheimliche Gefühl, in einem Traum gefangen zu sein. Wie angewurzelt blieb sie bei der Récamiere stehen und hielt sich an ihrer Anwesenheit fest. Die große Doppelflügeltür zu Giorgios Wohnzimmer stand offen. Genoveva machte ein paar zögerliche Schritte, sah hinein und fand nichts als Leere. Giorgios Schreibtisch mitsamt den Schachteln und Skizzen war verschwunden.

„Giorgio, wo sind Sie? Warum ist denn alles weg?!" Genoveva spürte eine Kälte um sich. Eine immer größer und unbarmherziger werdende Panik überkam sie. Sie wollte sofort fliehen, doch die große Tür zu Giorgios Schlafzimmer hielt sie auf. Vorsichtig, als müsste sie ihre Schritte vor etwas verstecken, ging sie zu der verschlossenen und vom Alter zerfressenen Schlafzimmertür und klopfte daran.

„Giorgio … ?! Sind Sie da drinnen?"

Genoveva stand eine Ewigkeit regungslos vor der schweigenden Schlafzimmertür. Endlich fasste sie all ihren Mut zusammen und griff zur Türschnalle, die sie erst mit Hilfe ihrer zweiten Hand drücken konnte, bis die knarzende Tür durch den dazu angewendeten Schulterstoß aufging. Der Raum dahinter war voller Spinnweben an den Fenstern, Staublurch und abgebröckelter Verputz bedeckten den Boden.

Genoveva stand an der Türschwelle und war gefangen in Raum und Zeit. Sie lief panisch aus der leeren Wohnung und aus diesem Haus, rannte die Treppen zu ihrer Wohnung hoch, riss sich die Kleider vom Leib und verschwand unter der Dusche. Sie hatte den Verstand verloren, dachte sie unter der kalten Dusche. Das kalte Wasser erregte das Blut ihres Gehirnes und ermutigte sie zu glauben, dass alles nichts als ein Traum gewesen war und sie eben endlich erwacht. Sie ging zum Spiegel an der Wand ihres Badezimmers und betrachtete ihr Gesicht darin. Alles schien wie gewohnt. Ihre Augen blickten klar, sie war wach und bei vollem Verstand. Genoveva ging zum Balkon. Das gegenüberliegende Fenster lag hinter verstaubten, grünen Holzjalousien verborgen. Von Giorgio keine Spur. Genoveva setzte sich an ihren

Küchentisch und hielt den Kopf in beiden Händen. Sie hatte gestern versucht, den alten Mann vor seinem verlorenen Verstand zu beschützen, was vermutlich der unbewusste Hilferuf ihres eigenen Geistes war. Sie musste womöglich vor sich selbst gerettet werden. Was stimmte mit ihr nicht und seit wann?

Seit sie hierhergezogen war und der alte Mann gegenüber ihren blauen Plastikkübel bemängelte? War Giorgio eine Einbildung ihres Verstandes? Und warum wachte sie in der leeren Wohnung gegenüber auf? War sie etwa somnambul in eine fremde und verlassene Wohnung hineinspaziert? Was hat sie dort gesucht?! Ich sehe sie, aber sie sehen sich nicht … Dieser Satz schwappte nach oben in ihrem Bewusstsein. Ich sehe mich nicht, dachte sie, nein, ich sehe mich nicht … Dieser Gedanke machte ihr Angst.

Der Tag kippte die Schatten der Stadt von links nach rechts. Genoveva saß immer noch regungslos da. Ihre Verwirrung vernebelte die Klarheit ihrer Gedanken. Plötzlich stand sie auf und ging zum Küchenregal, wo sie ihre Gläser aufbewahrte.

Zwei Weingläser fehlten darauf. Ebenso die Weinflasche, die sie Giorgio mitgebracht hatte.

„Antonio!"

Genoveva zog sich hastig an. Als sie in die Schuhe schlüpfte und ihre blau lackierten Nägel sah, dachte sie an Giorgio und seine Bemerkung von gestern. Sie blickte zu Giorgios Fenster und spürte die tiefe Sehnsucht einer Liebenden. Dann verließ sie schlagartig ihre Wohnung und ging Richtung Antonios Cafeteria. Ihr Magen war zusammengezogen, als stünde sie vor der wichtigsten Prüfung ihres Lebens. Ihr Herz trauerte wie an einem Begräbnis. Sie war sich nicht sicher, wovor sie mehr Angst hatte. Vor dem Verlust ihres Verstandes, oder dem des geliebten Menschen. Wenn sie verrückt war, dann war Giorgio ihr eigenes, wunderschönstes Hirngespinst, doch wenn er tatsächlich da war und plötzlich verschwunden, wo war er dann? Ihr Herz stieg ihr in den Hals, als sie Antonio vor der Cafeteria sah. Sie ging zu ihm und lächelte. Antonio lächelte leicht verschämt zurück.

„Möchten Sie sich hinsetzen, schöne Dame?"

„Haben Sie heute Giorgio gesehen?"

„Den Zahnarzt?"

„Zahnarzt? Nein … Giorgio … den Maler!"

„Welchen Maler?"

„Der Schattenfänger!"

„Verzeihen Sie, ich weiß nicht, wovon Sie sprechen!"

„… klar!"

Genoveva wendete den Blick von Antonio, ging in einer fast hoffnungslosen Resignation zur Kirchenwand und verharrte regungslos davor. Nur ihre Augen bewegten sich unruhig und suchten die Wand Stein für Stein ab und manchmal, für Momente, die sich wieder verflüchtigten, glaubte sie, den Hauch einer Linie darauf zu spüren.

Wie konnten sich Einbildungen einprägen, als wären sie die Erinnerungen echter Ereignisse, fragte sich Genoveva. Sie erinnerte sich, wie sie mit Giorgio gestern Nacht vor der Wand stand und ging ein paar Schritte rückwärts. Sie knickte um, denn ihr Schuhabsatz verschwand in einem Loch am Boden. Genoveva zog den Schuh heraus und ihr Herz begann laut zu schlagen. Sie kannte dieses Loch. In ihrem Geist sah sie Giorgio und wie er das Schild rausriss.

Genoveva hockte sich vor das Loch und betrachtete es, als sei es ein verloren geglaubter Schatz. Und in der Tat, dieses Loch umschloss ihre darin abgesenkte Hoffnung und brachte sie wieder hervor. Genoveva kniete auf dem Steinboden, streckte die ganze Pracht ihres Gesäßes der Welt entgegen und versuchte hineinzusehen. Doch das Loch war tief und – entsprechend seiner Eigenart – dunkel. Sein Grund blieb, selbst als sie auf beide Hände gestützt und mit dem rechten Auge direkt davor war, unergründlich.

Antonio beobachtete im Abseits das seltsame Schauspiel und hatte nichts dagegen einzuwenden. Seine Höflichkeit kam ihm ausnahmsweise in die Quere und er fühlte sich aufgefordert, seine Hilfe anzubieten. Als er das tat, musste er mit Bedauern zusehen, wie sich die Götterrundungen absenkten, dafür aber Platz für dieses Gesicht mitsamt Dekolleté machten.

„Sagen Sie, Signore Antonio, woher kommt dieses Loch?"

Antonio kratzte sich etwas ratlos am Kopf, fand aber den Umstand, dass die Dame seinen Namen kannte, besonders schmeichelhaft.

„Ich weiß es leider nicht, Gnädigste! Kann ich Ihnen …"

„Wann wurde hier zuletzt gekehrt?"

„Gekehrt wird immer zweimal in der Woche, Montag und Freitag, also heute in der Früh."

Genoveva versuchte ihre Hand zu falten, um in das Loch hinein zu greifen, doch es war selbst für ihre schmale Hand zu eng.

„Haben Sie ein Schmuckstück verloren?"

„Ja, ja, das habe ich! Haben Sie vielleicht etwas, womit ich den Grund des Loches erreichen kann?"

„Ganz bestimmt!"

Antonio ging schnellen Schrittes in die Cafeteria und kam mit einer langstieligen und sehr kleinen Schöpfkelle zurück. „Zum Schokolade kochen! Ich hoffe, ich versüße Ihnen damit den Abend!"

Er bückte sich heroisch und doch etwas mühselig über das Loch, schob die Schöpfkelle hinein, bis man hörte, wie sie den Boden berührte und versuchte, mit drehenden Bewegungen den Inhalt des Bodens daraufzuschöpfen.

„Seltsam, ich bin seit zwanzig Jahren jeden Tag hier, glaubte alles zu kennen, doch dieses Loch ist mir nie aufgefallen."

Genoveva beobachtete in Trance, wie Antonio die Schöpfkelle nach oben zog. Beide starrten voller Neugier darauf. Antonio richtete sich enttäuscht auf.

„Leider nichts, nur Staub und Kohle! Darf ich Ihnen dennoch einen Limoncello spendieren?"

Genovevas Augen begannen zu strahlen.

„Staub und Kohle … Kohle, Antonio!"

Antonio schaute sie fragend an. Sie griff zur Schöpfkelle und leerte den Inhalt auf ihre linke Handfläche.

„Nicht bloß Kohle, Antonio! Das ist Zeichenkohle, Giorgios Zeichenkohle!"

„Aber kein Schmuckstück!"

„Doch! Grazie, Antonio! Ciao!"

Genoveva legte die Kohlebrösel wie einen Schatz auf ihre Handoberfläche und ging damit weg. Antonio blickte ihr nach und war gewiss, die Gute war verrückt. Er sah voller Wehmut auf ihren Hüftschwung und dieses zarte Nachschwingen ihrer Pobacken.

Sie geht und bleibt dennoch!

Dieser Gedanke hallte wie ein Echo aus der Tiefe seines Gemütes und Antonio fand sich inmitten eines Déjà-vus wieder.

Es wurde Nacht. Genoveva zündete eine Kerze an, setzte sich auf den Balkon, hielt die kleinen Kohlestückchen auf ihrer Handfläche und betrachtete sie schweigsam, bis die Kerze ausging.

„Ich werde dich finden, Giorgio!"

In den darauffolgenden Tagen versuchte Genoveva, die Erinnerung festzuhalten. Sie ging akribisch vor und hielt jede Begegnung mit Giorgio in ihrem Geiste fest.

Sie verschloss in einer kleinen silbernen Schachtel jeden einzelnen Satz, den Klang seiner Stimme, die Tiefe seiner Blicke und bewahrte sie auf. Sie akzeptierte allmählich die Unlogik der Geschehnisse und obwohl sie jenseits jeder Vernunft lagen, glaubte sie fest daran, dass sie real waren. Die Kohlestückchen sowie die fehlenden Gläser waren ihre Mahnmale der Hoffnung und sie hielt sich mit ihrem ganzen Wesen daran fest. Sie dachte darüber nach, was es gewesen war, das sie so an Giorgio fesselte, und fand die Antwort heraus, als sie eines Nachmittags heimlich in die leerstehende Wohnung gegenüber schlich und auf ihren Balkon sah …

Es war das Glück, das er aufs Engste mit der Art, wie er auf die Welt schaute, verknüpfte.

Die Tage vergingen. Genovevas Hoffnung wuchs und wandelte sich in eine vage Gewissheit, als sie begann, in Büchereien in den Büchern über Renaissance zu stöbern, in denen sie Stück für Stück Giorgios Erzählungen wieder fand. Eine Zeichnung Botticellis ließ ihr Herz höher schlagen. Sie erinnerte an Simonettas Schatten an der Kirchenwand. Sie entdeckte Agnolo Bronzinos „Allegorie der Liebe" und sah Amors Hand an der Brust der Venus. Diese Hand kannte sie bereits.

Das war eine der Zeichnungen, die nicht existierten und doch da waren. Und je tiefer sie in die Renaissance tauchte, desto deutlicher spürte sie darin Giorgios Präsenz. Genoveva war von Natur aus verschlossen und lebte gerne allein. Sie hatte viele Verehrer, Kollegen, Freunde, doch sie hatte auch diese seltsame Eigenschaft, sich selbst zu genügen. Sehr selten nur konnte ein Mann ihre Aufmerksamkeit erregen und in den meisten Fällen nur für kurze Zeit. Dieser Umstand verhalf ihr zu einem seltsamen Ruf, doch das beunruhigte sie nicht im Geringsten. Sie war es gewohnt, auf das reduziert zu werden, was sie äußerlich darbot, und hatte gleichzeitig keinerlei Bedenken, diese Wirkung zu leben. Sie tat es für sich selbst … bis dieser eine Mann kam und in ihrer äußeren Schönheit die veräußerte Vollendung innerer Tugenden sah. Diesem Mann, ungeachtet seines Alters, oder fehlender Anwesenheit, schenkte sie ihr Herz und ging mit ihm in sich durch Wochen und Monate.

Es war ein hitziger Herbstabend. Genoveva las auf ihrem Balkon. Sie hatte eine Flasche Wein aufgemacht und hielt das Glas in der Hand, während sie blätterte. Es begann zu regnen.

Es war ein milder, weicher und kühlender Regen, den Genoveva sehr genoss. Sie schloss das Buch, warf es ins Rauminnere und blieb am Balkon sitzen. Der Regen vervierfachte plötzlich seine Kraft und fiel in Strömen. Die Regentropfen verwässerten Genovevas Blick, sie schloss ihre Augen auf Halbmast und sah Giorgio am Fenster gegenüberstehen und sie ansehen. Sie dachte daran, was er wohl sagen würde, wenn er sie so im Regen sitzen sähe. Würde er sie hineinschicken, um sich nicht zu verkühlen, oder ihre Körperhaltung proportional der Regentropfen korrigieren. Genoveva lächelte, während das Wasser über ihr Gesicht strömte und die Hitze ihres Gemütes kühlte. Der Balkon war bereits durchnässt, doch das war ihr egal. Einzig das Buch unter der Leselampe zog sie aus ihren Gedanken heraus und zwang sie, es hineinzutragen. Die harte Hülle des Buches war bereits durchweicht. Genoveva wickelte ihr Haar in ein Frotteetuch, nahm ein Küchentuch von der Spüle und begann das Buch damit zu trocknen. „Die Frauen von Florence zwischen Renaissance und Barock" war der Titel des Buches. Es war seit drei Generationen im Familienbesitz, ihre Großmutter schenkte es ihr, als sie das erste Mal in eine eigene Wohnung gezogen war. Das Buch lag seit Wochen unter der Lampe am Balkon und verfehlte als Lampenstütze seine eigentliche Bestimmung. Dank des Regens tauchte es unter der erdrückenden Lampe wieder auf und gelang somit zwischen Genovevas Finger. Sie begann, angeregt durch den Titel, die Bilderwelten des Buches durchzublättern. Sie fand darin Simonetta und sah Gemälde vieler anderer Frauen der damaligen Zeit. Allesamt waren sie anmutig und voller Lebenskraft. Genoveva vergaß ihr durchnässtes Kleid, blätterte im Buch weiter und weiter und landete bei der Kohlezeichnung einer liegenden Frau. Genovevas Atem stockte und sie blieb wie versteinert über die Zeichnung gebeugt stehen. Sie ging abrupt zum Lichtschalter und machte eine große Küchenlampe an. Auf der Zeichnung im Buch lag eine Frau, mit langem eleganten Hals und leicht entblößter Brust, in einem dunklen und nur von einer Kerze durchleuchteten Raum, auf einer Récamiere und schlief. Je länger Genoveva darauf schaute, desto deutlicher bemerkte sie die Ähnlichkeit mit sich selbst. Sie stand auf und ging zum Balkon, um nach Luft zu schnappen. Der Regen war bereits gewichen. Genovevas Augen bohrten sich in das Fenster gegenüber, um dort nach einer Antwort zu suchen. Sie ging zurück zum

Buch am Küchentisch und versenkte sich darin. Sie erkannte jetzt ihr Kleid und entdeckte einen kleinen angedeuteten Strich ihres Bikinioberteils darauf. Das ganze Bild erinnerte sie jetzt an die Nacht, in der sie auf Giorgios Récamiere übernachtet hatte, als hätte er sie heimlich gezeichnet. Unter dem Bild war eine Nummer. Sie musste ganz einfach nur nach hinten blättern, um herauszufinden, wer der Maler dieses Bildes gewesen war.

Genoveva hielt kurz inne, bevor sie dem Unerklärlichen entgegensteuerte. Sie wollte diesen Moment dehnen. Und dann tat sie es, sie schlug das Buch an seinem Ende auf und verfolgte die Nummer, bis sie die Bildbeschreibung vor sich hatte. Kaum gelesen verfiel Genoveva in eine atemlose Starre.

Sie sah immer wieder auf die Buchstaben, prüfte immer wieder aufs Neue, machte das Buch zu, öffnete es wieder und las immer wieder das Gleiche:

Datiert 1552, betitelt „Genoveva", Künstler: Giorgio Vasari.

Es war nicht so, dass es viele Genovevas auf dieser Welt gab, und wenn doch, wie konnte es sein, dass sie dasselbe Kleid trugen, auf der gleichen Récamiere gelegen waren und wie Genoveva aussahen?

„Das bin eindeutig ich!"

Doch das Datum der Datierung brachte Genovevas Geist an den Rand seiner Möglichkeiten. Es waren in etwa fünfhundert Jahre, die zwischen der Entstehung dieses Bildes und der Gegenwart lagen. Wie war das möglich, fragte sich Genoveva. Sie las noch mal Giorgios Nachnamen und etwas in ihr begann sich zu erinnern.

„Vasari … Vasari! Giorgio Vasari, der Uffizien-Vasari, Vasari, der Erbauer von Palazzo Pitti und Palazzo Vecchio. Vasari, der Architekt vom Boboligarten … Vasari war doch jener, der halb Florenz gebaut hatte …!"

Genoveva erinnerte sich an ihren Geschichtsunterricht in der Schule und daran, dass der Name Vasari aufs Engste mit der Stadt Florenz verknüpft war.

„Giorgio ist Vasari!"

Das Handtuch glitt von ihrem Kopf und sie begrub ihr Gesicht darin. Nichts und alles ergab für sie einen Sinn. Plötzlich barg sie ihr Gesicht aus dem Inneren des Handtuches und ihre Augen verrieten das Aufkeimen eines bedeutenden Gedankens.

„Er erschuf den geheimen Korridor! Den Korridor zwischen Palazzo Vecchio und Palazzo Pitti!"

Genovevas Gesicht bog sich zu einem staunenden Lächeln. Am nächsten Morgen stellte sie das Buch mit aufgeschlagener Seite in ein Regal an der Wand, sodass diese magische, durch die Zeit gewanderte Zeichnung von ihr gut sichtbar war. Sichtlich berührt schloss sie die Augen, holte tief Luft und atmete sich Ruhe ins Herz. Ein innerer Drang brachte sie dazu, die Wohnung zu verlassen.

Sie fuhr nach Arezzo und verbrachte den ganzen Tag in der Casa Vasari – Giorgios Haus, eingebettet in seinen Geist und umgeben von seinen Fresken, Malereien und Architektur.

„Hier hast du also damals gelebt, Giorgio!"

Die Räume seines Hauses und seine Bilder sprachen mit ihr in Giorgios unverkennbarer und unbelehrbarer, stets dem Schönen gewidmeter Sprache und Genoveva füllte endlich das durch sein Verschwinden ausgelöste Vakuum.

An einer der Wände hing Giorgios Selbstbildnis. Genoveva erkannte ihn daran, obwohl sie ihn nur mit einem grauen Dreitage- und nicht mit einem dunklen Vollbart kannte. Doch sein Blick hatte über die Jahrhunderte keinen Millimeter an Milde und Weisheit eingebüßt.

„Ich weiß jetzt wer du bist, Giorgio Vasari! Du, Bewahrer der Erinnerung und Erbauer des geheimen Korridors zwischen den Epochen. Du bist überall und nirgends. Dein Geist lebt in all dem weiter, was du in Stein gebaut, auf Papier überliefert und in Kohle verewigt hast. Du, Hüter des Schönen! Ich vermisse dich!"

Genoveva trug zwei Taschen voller Bücher, über und von Giorgio, die Stiegen zu ihrer Wohnung hoch. Sie packte sorgsam ein Buch nach dem anderen aus. Viel wichtiger erschienen ihr die Bücher, die Giorgio selbst verfasst hatte, in deren Zeilen sie seine Art zu denken wiederfand. Genoveva war erschüttert ob der Gewichtigkeit Giorgios für die Kunstgeschichte. Er hatte durch seine Schriften die Errungenschaften der Renaissance über die Zeiten hindurch getragen. Er schrieb die Biographien seiner Zeitgenossen. Er gab Kunde über Leonardo, Parmigianino, Raffael … Er hatte Begriffe wie Renaissance und Gotik geprägt, er hatte die Kunstgeschichte selbst als Disziplin erfunden. Das war Giorgio, der Vasari, der über ihre blaulackierten Zehennägel nachsann und ihren Sinn für Blautöne lobte.

Genoveva griff zu Giorgios Biographie über Leonardo, als ein seltsames Geräusch ihre Aufmerksamkeit spaltete. Es klang nach dem Versuch, ein Fenster zu öffnen. Genoveva stand elektrisiert auf, ging zum Balkon und verharrte regungslos auf Giorgios Fenster starrend, wo ein Mann, klein wie ein Kind, versuchte, mit seiner Hand den Fensterhebel zu erreichen. Der Mann verschwand, um ein paar Sekunden später mit dem Rutschgeräusch eines Möbels wieder aufzutauchen. Er schob offensichtlich einen Hocker zum Fenster. Sein Kopf wurde sichtbar. Er trug einen dunklen Vollbart und eine Nickelbrille auf seiner Nase. Endlich kletterte er auf den Hocker, öffnete erfolgreich das Fenster und verschwand gleich darauf wieder. Genoveva vernahm ein Herumkramen und Rascheln, gleichsam als würde dieser seltsame Mann etwas suchen. Zwei Hände voller bunter Pastellkreiden tauchen am Fenster auf. Der Mann kam ihnen umständlich hinterher, indem er ohne Hilfe seiner Hände auf den Hocker stieg und sein Kopf wieder sichtbar wurde. Er platzierte penibel genau eine Pastellkreide neben der anderen auf das Fensterbrett.

Genoveva beobachtete ihn mit regem Interesse und fühlte sich erneut in ein Märchen, das sie noch nicht kannte, versetzt.

„Was machen Sie da?"

Der kleine Mann ordnete unbeirrt seine Kreiden weiter. „Ich stelle meine Pastellkreiden ans Fenster in die Sonne, das bleicht die Farben aus und macht sie harmonischer."

„Ah, so!"

„Habe ich von Edgar!"

„Aha!"

Genoveva kam nicht umhin zu schmunzeln. Erst als der kleine Mann fertig war, blickte er durch seine Nickelbrillen zu ihr rüber, schien ob ihres Anblickes recht erfreut und streckte seinen Hals um mehr davon zu erhaschen.

„Oh, Madame, darf ich mich vorstellen ich bin Henry und muss Ihnen offen gestehen, Ihr Antlitz lässt mich ein wenig wachsen! Erweisen Sie mir die Ehre, Ihren Namen zu erfahren?"

Genoveva lächelte aufgestützt am Geländer ihres Balkons. „Ich heiße Genoveva und freue mich, Ihre Bekanntschaft zu machen, Henry! Würden Sie mir Ihren vollständigen Namen verraten, wenn ich bitten darf?!"

„Selbstverständlich, Madame! Mein vollständiger Name ist Henry Marie Raymond de Toulouse-Lautrec-Monfa, aber ich bitte Sie, nennen Sie mich einfach Henry." Henry musterte Genoveva und ihren Balkon. „Darf ich Sie etwas fragen, Genoveva?"

Genoveva spürte ein Glücksgefühl aufkommen.

„Nur zu, Henry, fragen Sie …"

Henry richtete seine Brille zurecht.

„Wissen Sie, Genoveva, ich sehe Sie, aber Sie sehen sich nicht …"

*An dieser Stelle möchte ich mich
bei all denjenigen bedanken, die
mich während der Entstehung dieser
Novelle unterstützt haben:
Nina C. Gabriel
Irmgard Bernrieder
Charly von Feyerabend und
Jens Ole Schmieder.*

Nachwort

Eine Kindheitserinnerung

Wenn du siehst, dass die Zeit sich nicht in dich
schicke, so schicke du dich in die Zeit.

Buch des Oghus, Raschid od-Din, 11./12.Jahrhundert

Die Menschheitsgeschichte, so wie wir sie heute verstehen, erzählt zumeist von sprichwörtlich merkwürdigen Zeiten, wann wer König wurde, oder wann und wo welche Schlacht stattfand.

In der Kunstgeschichte listet man auf, wann welcher Maler geboren wurde oder welches Werk entstand. In der Philosophiegeschichte hält man fest, wann wer welche Theorie das erste Mal äußerte, sowie in der Literaturgeschichte aufgelistet wird, welche Stilform von wem wann geprägt wurde. Dieser Chronismus ist notwendig und gut.

Doch wie könnte man, sollte die Geschichte als Erinnerung festgehalten werden, aus der Geschichte auch eine Erfahrung machen?

Man könnte das vielleicht, in dem man die Fragestellungen um eine zusätzliche Frage erweitern würde. Um das nach innen gekehrte „wie". Wie empfand ein Künstler, beispielsweise ein Maler, seine damalige Wirklichkeit? Oder andersrum, wie würde ein Maler von damals unsere jetzige Wirklichkeit betrachten und empfinden?

Wer kann das WIE beantworten?

Der Maler selbst. Also wäre der Maler sein eigener, allerbester Chronist.

Der wesentlichste Unterschied zwischen Kunsthistorikern und Malern ist, dass die einen Kunstgeschichte studieren, während die anderen Kunstgeschichte machen.

Es ist nicht das Gleiche, eine bereits gesetzte Linie zu deuten oder jene besagte Linie zu setzen. Eine Linie zu setzen bedeutete zu jeder Epoche etwas anderes. Für Michelangelo war sie der erste Schritt in den Raum, den er erleben wollte. Für Ingres hingegen war die Linie etwas Ästhetisches, sie war für ihn das bildprägendste Element einer Komposition. Für Michelangelo war die Linie ein schöpferischer Akt zwischen seinem tiefen Glauben und einer Welt oberhalb von ihm. Für Ingres hingegen war es ein schaffender Akt. Er griff auf das Wissen mehrerer Epochen zurück und gestaltete auf seine ästhetische Grundhaltung gestützt daraus seine Werke.

Während Michelangelo höhere Werte im Bild erlebte, waren diese bei Ingres nur noch als Sehnsucht spürbar.

Im 20. Jahrhundert bei Egon Schiele finden wir eine psychologische, räumlich fast sich auflösende Linie, die immer wieder von Hoffnungslosigkeit erzählt.

Letztendlich befreite der Mensch die Linie vom Menschen selbst und entwickelte in der Abstraktion eine eigene Welt. Diese Welt wandert vom Glauben über den Agnostizismus in den Atheismus, um sich schließlich gänzlich zu versachlichen.

Man kann nur hoffen, dass der Mensch ihr diesbezüglich nicht gleichtut.

Das kann leicht passieren, wenn der Mensch letztlich zu glauben versucht wäre, Erinnerung mit Erfahrung, „wann" mit „wie" oder Versachlichung der Kunst mit der Kunst selbst gleichzutun.

Also ergänzen wir das „wann, wo" um ein „wie". Wie hat man empfunden? Und wie kann man das zurückverfolgen?

Vielleicht sind diese Erinnerungen und Erfahrungen gar nicht verschwunden, sondern leben in uns, gegebenenfalls muss man nur tief genug graben.

Eine wesentliche Erinnerung an meine Kindheit lässt sich durch eine ähnliche Empfindung zusammenfassen. Es ist ein Gefühl, das mich von klein auf fast triebhaft an einer Sache festhalten ließ, eine undefinierbare Sehnsucht nach etwas, die nicht zu stillen war. Viele Jahre später entdeckte ich eine mittlerweile unübersehbare Parallele zwischen der nicht greifbaren Sehnsucht meiner Kindheit und dem Geist der italienischen Renaissance. Ich verglich diese Epoche mit dem Wesen eines kleinen Jungen, der in dieser Novelle als alter Mann auftritt, oder genauer definiert, dessen Wesen im Körper eines alten Mannes lebt. Auf ähnliche, unschuldige Weise wie ein Junge, dessen Sexualität noch nicht erwacht ist, betrachtete die malende Renaissance am Beginn der Säkularisierung den menschlichen Körper.

Das ist die erste und vielleicht auch die wichtigste Parallele zwischen meinem jungen Ich und der Renaissance, die mir auffiel.

Die zweite Parallele ist der Anfang aller Anfänge. Wie ein kleiner Junge, der noch wenig weiß, steht die Frührenaissance selbst am Beginn ihres Wissens, besonders auffallend in zwei Disziplinen, der Malerei und der Wissenschaft.

Sie lässt die Bedeutungsperspektive hinter sich, so, wie ein talentiertes Kind das tut.

Als Bedeutungsperspektive versteht sich, jede Figur so groß darzustellen, wie es ihrem Wert entspricht, ein Wesensmerkmal von Ikonen, also der Zeit vor der Renaissance. Je heiliger, desto größer, gleichsam ist dies bei Kleinkindern zu finden, dessen Eltern überdimensional die Bildwelt prägen. Ein Loslösen davon findet ihren Ursprung bei Malern wie Giotto di Bondone und Masaccio. Dass die Figuren endlich mit richtigen Verhältnissen zueinander dargestellt werden konnten, auch wenn sie im Raum nach hinten wanderten, war Filippo Brunelleschi zu verdanken, der eine konstruierbare Geometrie, besonders die Zentralperspektive, in die Welt setzte.

Die Figur selbst musste natürlich auch einen Wandel vollziehen.

Die Zeichnungen suchten in der Frührenaissance noch nicht den Schatten, sie wollten nur Linie sein, wie eine Hingabe an die Form, die endlich den Menschen in sich aufnehmen wollte. Ein Mensch, der noch frei von Wissenschaft ist, dem noch keine Anatomie innewohnte, der aber auch keine Ikone der Kirche mehr war, sondern an einem anderen Ort dazwischen schwamm und endlich seine, historisch gesehen, wahrscheinlich seltenste Form bekam. Wunderbare Beispiele dafür lieferten uns Sandro Botticelli und der junge Raffael.

Das Erste, was ich ernsthaft zu studieren begann, war die Anatomie des menschlichen Körpers. Knochen um Knochen vom großen Humerus bis zur zarten Klavikula habe ich alles gedreht und gewendet und auf Papier gezeichnet, um mich dann der Welt der Muskeln zu widmen, bis ich letztlich zumindest den mechanischen Aspekt des menschlichen Körpers verstand. Als ich diesen Prozess abschloss, konnte ich halbwegs die menschliche Figur darstellen. Auch das lässt sich mit der Renaissance vergleichen, die durch Männer wie Vesalius oder Leonardo die menschliche Anatomie ins Wissen der Menschheit zogen, davor war jede Figur von einer heiligen Unkenntnis durchzogen.

Desgleichen lässt sich eine gewisse Unbefangenheit als Parallele feststellen, denn die Renaissance muss sich von neuem erfinden, so, wie ein Kind, dessen Entwicklung zugelassen wird, es tut. Es ist das unbefangene Suchen nach Wissen, gepaart mit einer besonderen Grundhaltung, dem Glauben an das Gute und das Schöne, umschlossen von der platonischen Idealvorstellung, die allen Renaissance-Malern zu eigen war und in jedem Kind zu finden ist.

So lernte die Renaissance das räumliche Denken, die Anatomie, das Verhalten des Lichts und experimentierte auf unterschiedlichste Art mit den Farben, immer mit dem Ziel, das Richtige zu tun.

Je richtiger eine Darstellung erschien, desto schöner empfand man diese.

So war das Schönste das Richtige.

Ein Seins-Zustand, der sich in unserer Gegenwart fast umgedreht hat, denn heute suggeriert der Zeitgeist, dass Wahrheit hässlich sei. Ein Teil von mir ist jedoch in jener Vorstellung, dass im Schönen eine Wahrheit liegt, obgleich die Gegenwart mir immer wieder auf vielfältige Weise das Gegenteil zu beweisen sucht, geblieben. Dieser Teil entstammt meiner Kindheit und ich glaube, er ist auch in jedermanns Kindheit zu finden, insofern sie eine halbwegs glückliche war.

Demzufolge verschränken sich in der Renaissance Glaube und Wissenschaft, um gemeinsam eine der fruchtbarsten Zeiten der Menschheitsgeschichte einzuleiten. Renaissance bedeutet Wiedergeburt. Sie ist die wiedergeborene griechische Antike, die sich in einer neuen Umgebung neu erfinden musste. Gleichsam einer alten Seele, die in einem jungen Körper wieder erscheint und dem Drang, ihre alten Errungenschaften neu zu entfalten, nachzugehen trachtet.

Nicht nur den Tatsachen und belegten Geschichten, sondern auch jedem Mythos, jedem Gedicht, jeder Legende, selbst jeder Idee, folgt die Wirklichkeit mit ihren Gedanken und macht sich daraus eine neue Wirklichkeit, eine Wahrheit auf Zeit. Dadurch dringen die Dinge in unsere Welt. Das sind die Tagträume, die wir haben, die Stimmungen, die wir spüren, die Musik, in der wir leben. So entsteht der Zeitgeist.

Die Faszination vergangener Epochen offenbart sich, wenn man ihre Ideen und Impulse zwar aus heutiger Sicht, aber mit den Empfindungen von damals erlebt.

In diesem Sinne wird der zweite Teil von „Simonettas Schatten" die Malereigeschichte auf der Suche nach dem Gefühl ihrer Epochen weiter durchwandern.

Ludwig Drahosch, geb. 1969 in Wien, hatte bereits im Alter von zehn Jahren über zweihundert anatomische Zeichnungen angefertigt.

Zwischen seinem vierzehnten und zwanzigsten Lebensjahr kopierte er im Kunsthistorischen Museum in Wien alte Meister und eignete sich die Techniken der italienischen, holländischen und deutschen Renaissance sowie die des darauffolgenden Barocks an. Im Rahmen seines Studiums an der Akademie der bildenden Künste Wien lernte er unter anderem bei Arik Brauer und Hundertwasser die Moderne kennen. 1997 erhielt er die Goldene Füger-Medaille.

Daneben studierte und befasste er sich intensiv mit Philosophie, um zu ergründen, woher viele für ihn nicht nachvollziehbare Auffassungen der Postmoderne rührten.

Nach zwanzig Jahren Ausstellungstätigkeit (vor allem in Los Angeles) übernahm er mit seiner Partnerin, der Schauspielerin und Regisseurin Nina C. Gabriel, die Leitung des Ateliertheaters in Wien. Sie inspirierte ihn auch zur Figur der Genoveva in seiner Novelle „Simonettas Schatten".

Gegenwärtig dreht Drahosch Filme und hält Vorträge wie „Die Gegenwart aus der Sicht der Renaissance".

Genoveva an Giorgio

Warum, sag, können wir nicht die Zeit bereisen,
sie bezwingen, nach vorne und zurück umkreisen,
Epochen biegen, in einander schieben,
uns immer wieder treffen und verlieben.
Warum sind wir so getrennt im Zeitrevier,
Gefangene im engen Raum, im Jetzt und Hier,
als ich gekommen bin, warst du gleich fort,
gegangen ohne mich, von da nach dort.
Warum entsagen uns die parallelen Welten,
wo doch so schön es wäre überall zu zelten,
vereint uns niemals wieder trennen,
ein Ganzes sein, uns – ewig – nennen.

Versprich mir, dass wir uns finden,
dass wir die Zeit und deren Raume überwinden.
Ich verspreche Dir, Dich in mir zu tragen,
bis wir uns dem Trennbaren so ganz entsagen.

Nina C. Gabriel